Diplom-Landwirt Heinz Erven

Mein Paradies

32-jährige Erfahrungen
eines Praktikers im naturgemäßen
Obst- und Gemüsebau

So hoch werden in manchen Jahren die Himbeeren, die aber zum leichteren Ernten gekürzt werden.

Diplom-Landwirt Heinz Erven

Mein Paradies

32-jährige Erfahrungen eines Praktikers im naturgemäßen Obst- und Gemüsebau

Mit Beiträgen von *Ursula Venator* und Professor *Dr. Dietmar Schröder*

OLV Organischer Landbau Verlag
Kurt Walter Lau

Bibliografische Information der Deutschen Nationalbibliothek
Die Deutsche Nationalbibliothek verzeichnet diese Publikation in der Deutschen Nationalbibliographie; detaillierte bibliografische Daten sind im Internet über http://dnb.d-nb.de abrufbar.

„Mein Paradies – 32jährige Erfahrungen eines Praktikers im naturgemäßen Obst- und Gartenbau" erschien erstmalig 1981 im Selbstverlag Heinz Erven, Remagen

Umschlagfoto: Max Wette
Farbfotos: Wenn nicht anders angegeben, von Ursula Venator. Die allermeisten Fotos in dieser Neuauflage wurden von den gedruckten Darstellungen aus dem Buch der ersten Auflage 1981 oder von über 40 Jahre alten Dias reproduziert. Es standen nicht mehr alle Fotografien aus der damaligen Zeit als Dia- oder Filmmaterial zur Verfügung.

Fotos von Fotolia.de:
Umschlagseite 2: PerfectLazybones; Seite 26: Alexander Erdbeer; Seite 42: Twilight-Picture; Seite 58: M. Schuppich; Seite 60: Gerhard Seybert; Seite 61: LianeM; Seite 68: M. Schuppich; Seite 70: s.b. photo; Seite 80: Barbara Gromadzki; Seite 84: focus-finder; Seite 85: M. Schuppich; Seite 91: Richard Oechsner; Seite 92: M. Schuppich; Seite 106: Michael Tiek

Im Kuckucksfeld 1, 47624 Kevelaer, www.olv-verlag.de
Überarbeitung der Neuauflage: Ursula Venator
Redaktion: Kurt Walter Lau
Satz: Marianne Feldbusch
Gedruckt in Deutschland
ISBN 978-3-922201-91-5

Inhalt

Die einzelnen Kulturen

Gemüsemischkulturen

Geologie und Bodenverhältnisse

Vorwort und Widmung von Heinz Erven

Aliquid amplius invenies invenies in silvis quam in libris.
Ligna et lapides docebunt te,
quod a magistris audire non possis.

Umfassenderes lernst Du in den Wäldern als in Büchern.
Holz und Steine lehren Dich,
was Du von den Professoren nicht hören kannst.

Bernhard von Clairvaux

Diesen Spruch des *Heiligen Bernhard* verdanke ich Professor *Dr. Heinrich Carl Weltzien,* Direktor des Instituts für Pflanzenkrankheiten der Universität Bonn. Er schrieb ihn mir am 16. Juli 1977, nachdem er kurz zuvor mit mir einen Rundgang durch mein Paradies gemacht hatte. Dieser Spruch, den ich meinem Büchlein voranstelle, gibt meine eigene Einstellung zu den Universitäten und der Wissenschaft wieder. Beide betrachte ich als Diener an der Menschheit, ebenso wie der Bauer und der Gärtner es sind. Die Naturwissenschaften – ob Chemie, Botanik, Zoologie, Medizin oder Landwirtschaft – haben dort ihre Grenze, wo sie aufhören, sich an den Naturgesetzen als oberster Richtschnur zu orientieren. Besser als die Natur kann keine Wissenschaft sein; sie kann sie erforschen, beleuchten, wichtige Erkenntnisse bringen, die bis dahin verborgen waren, aber sie darf sie nicht verändern wollen und sich nicht über sie erheben. Nur das kann uns weiterhelfen und bleibenden Erfolg bringen: die Natur beobachten und aus den gemachten Erfahrungen lernen. Meine eigenen Erfahrungen aus 32-jähriger Arbeit möchte ich mit diesem Buch weitergeben, das ich meiner im Mai 1979 verstorbenen Frau *Lilly* widme.

Remagen, „Paradies“, Januar 1981

Dieses Buch ist Lilly Erven gewidmet.

Geleitwort zur Neuauflage 2015 von Dr. Helmut Hüsgen

Heinz Ervens Paradies war das, was man heute als Permakulturgarten bezeichnet, ein Kreislauf des Lebendigen, wo mit Hilfe der Naturwesen, vom Mikroorganismus bis zu den Regenwürmern, ohne Zugabe von chemisch-synthetischen Düngemitteln und Pestiziden, eine Dauerfruchtbarkeit erreicht wird, gleichgültig wie groß die Fläche ist.

Der Anbau von Gemüse und Obst ist überall dort machbar, wo Garten- und Ackerland, Fassaden, Dächer, Terrassen, Brachflächen und Hinterhöfe dazu die entsprechenden Möglichkeiten bieten; auch auf Hochbeeten, damit behinderte und ältere Menschen die Möglichkeit haben, vom Rollstuhl aus sich mit frischem Gemüse zu versorgen. Das gleiche gilt für Schulen und Kindergärten. Hier kann man z.B. Hochbeete bepflanzen, wenn entsprechend größere Flächen fehlen.

Nicht nur Heinz Erven, sondern jeder von uns kann dort, wo er lebt, sein eigenes „Paradies'" schaffen. Permakulturgärten beispielsweise können solche „Paradiese" sein. Hier werden natürliche Kreisläufe beachtet und es wird vom Menschen nur behutsam im gärtnerischen Sinne gestalterisch eingegriffen.

Der Biogartenpionier Heinz Erven beschreibt im vorliegenden Buch, wie solch ein Garten mit wenig Mitteln gestaltet werden kann, und wie uns die noch intakte Natur den Weg zeigt, glücklich, liebevoll und sorgenfrei zu leben. So können wir das Paradies, von dem wir alle träumen, finden. Wir müssen es nur tun, in der Familie, in Kindergärten, Schulen und überall dort, wo nach den Naturgesetzen gelebt wird.

Schon bei unseren Kindern müssen wir damit beginnen. Wir müssen ihnen die Natur als Ganzes erlebbar machen. Alles wird sich dann wandeln. Wir reden dann nicht mehr von der Bewahrung der Schöpfung, sondern wir handeln. Wir zeigen damit, dass im Kreislauf des Lebendigen alles eins ist. Es ist das Sein und nicht das Haben, wie es in einer getrennten Welt üblich ist. Nicht mehr das Haben bestimmt das Leben, sondern das Sein, wie auch im „Paradies", das Heinz Erven geschaffen hat und wie er es uns in seinem Buch vermittelt.

Alle auch vom Menschen selbst erschaffenen „Paradiese" sind vernetzte Strukturen, in denen alles miteinander verbunden ist, einschließlich der Energie aus dem Kosmos, die die Fruchtbarkeit und Beständigkeit von lebendigen Systemen erst ermöglicht.

In dem hier vorliegenden Buch, das nunmehr nach 34 Jahren eine Nachauflage erfährt, hat der Autor seine persönlichen Erfahrungen beschrieben, wie er und seine Frau in ihrem „Paradies" naturgemäßen erfolgreichen Gartenbau betrieben haben.

Das „Paradies", unweit des Dorfes Kirchdaun, oberhalb des Städtchens Remagen am Rhein, war seinerzeit ein Anziehungspunkt für sehr viele Menschen, die nach einem Weg zu einem gesünderen und glücklicherem Leben suchten. Heinz Erven hat ihnen seinen Garten, sein „Paradies" gezeigt und ihnen für natürliche Kreisläufe die Augen geöffnet. Seinen ganz persönlichen Weg hat er in diesem Buch anschaulich und gut nachvollziehbar beschrieben. Ich wünsche der vorliegenden Neuauflage nach über drei Jahrzehnten einen ebenso großen Erfolg wie der ersten Auflage im Jahr 1981.

Dr. Helmut Hüsgen, Ehrenvorsitzender der *Akademie Naturgemäß Leben e.V.,* Hennef-Süchterscheid im Sommer 2014

Geleitwort des Verlegers zur Neuauflage 2015

Einen großen Anteil am Gelingen und am Fortbestand des „Paradieses“ über viele Jahre und auch an diesem Buch, hat *Heinz Ervens* Nachfolgerin *Ursula Venator.* Sie war im „Paradies“ sozusagen seine „rechte Hand“. Sie betreute Heinz Erven bis zu seinem Tod und führte dann das „Paradies“ viele Jahre eigenverantwortlich weiter bis sie den Betrieb aus Altersgründen eines Tages in jüngere Hände übergeben musste.

Ursula Venator tritt in dem vorliegenden Buch auch als Co-Autorin für das Kapitel „Gemüsemischkulturen“ auf. Außerdem stammt der allergrößte Teil der Fotografien in diesem Buch von Ursula Venator. Als Rechtsnachfolgerin von Heinz Erven hat sie in großzügiger Weise uneigennützig der Akademie Naturgemäß Leben e.V. ermöglicht, als Herausgeber der vorliegenden Neuauflage zu fungieren, und darüber hinaus unseren Verlag autorisiert, diese Neuauflage zu veröffentlichen, zu vervielfältigen und zu verbreiten. Dafür möchten wir uns bei Ursula Venator herzlich bedanken.

Heinz Ervens „Paradies“ besuchte ich erstmalig im Jahr 1981. Ich gehörte damals zu einer Gruppe junger Biogarten- und Naturschutz-Enthusiasten im Deutschen Bund für Vogelschutz e.V., dem heutigen Naturschutzbund Deutschland (NABU) e.V., die bei ihrem Besuch von Ervens „Paradies“ begeistert waren.

Heinz Erven war eine charismatische Persönlichkeit. Er war, wie man heute sagen würde, authentisch. Das, was er seinen überaus zahlreichen Besuchern aus dem In- und Ausland bei seinen lehr- und erlebnisreichen Rundgängen durch sein „Paradies“ vermittelte, war geradezu ansteckend, ja inspirierend. Mich selbst drängte es nach solch einer praktischen Wissensvermittlung wieder zurück in den heimischen Biogarten, um es Heinz Erven gleich zu tun.

Heinz Ervens „Paradies“, wie er es in seinem Buch beschreibt und wie ich es noch selbst erleben durfte, gibt es heute nicht mehr. Die Erfahrungen, die von den dort über viele Jahre lebenden und schaffenden Menschen gemacht worden sind, bleiben uns aber mit diesem Buch erhalten. Ich wünsche mir, dass Sie beim Lesen dieses Buches Heinz Ervens inspirierenden Geist spüren, etwas davon einfangen und dann in Ihren Garten gehen, um es ihm gleich zu tun, ebenso wie ich seinerzeit.

Kurt Walter Lau, Kevelaer im Winter 2014

1948
VOR DEN LOHN
HAT GOTT
DEN SCHWEISS GESETZT

Entstehung des Paradieses

„Paradies" ist der Name meines sechseinhalb Hektar großen Betriebes oberhalb von Remagen am Rhein, auf einer Höhe von etwa 250 Meter ü. NN, gelegen. Bis zum Jahre 1948 war dieses Gelände ein dichter, fast undurchdringlicher Mischwald. Wenn ich meinen Betrieb von Anfang an „Paradies" nannte, so hatte ich hierfür einen besonderen Grund. Ich wollte aus diesem Stück unverdorbener Erde Erzeugnisse herausholen, die der Gesundheit dienen sollten und wollte damit zeigen, dass wir auch ohne den Einsatz von fragwürdigen, teils gefährlichen Chemikalien, Giften und salzhaltigen Düngemitteln Erträge erzielen und dabei den Boden in einer Dauerfruchtbarkeit erhalten können.

Als Sohn eines Architekten wurde ich am 25. Januar 1900 in Brühl bei Köln geboren. Wir wuchsen zu neun Geschwistern auf und hatten lebensfrohe Eltern, die uns eine schöne, unbeschwerte Jugend bereiteten. Gleich vor unserer Haustür lag der Brühler Schlosspark, der unser täglicher Spielplatz war. Als etwa Achtjähriger bepflanzte und pflegte ich unseren Vorgarten und oft kam es vor, dass Leute stehen blieben und fragten: „Junge, wie machst Du das nur, dass bei Dir die Blumen so besonders schön blühen?"

Nach dem Besuch des Gymnasiums in Brühl wollte ich gleich praktisch arbeiten. Ich wurde Volontär in einem landwirtschaftlichen Betrieb am Niederrhein. Dort wurde noch gesund und vielseitig gearbeitet. Später absolvierte ich ein Studium der Landwirtschaft in Bonn. Während der Ferien machte ich viele Studienreisen im In- und Ausland und nahm schließlich eine Stelle als Landwirtschafts- und Gemüsebaulehrer in Krefeld an. Dort blieb ich zehn Jahre und gab mit Begeisterung all das weiter, was ich während meines Studiums gelernt hatte. So ging zum Beispiel, neben vielen anderen Einrichtungen, eine große Pflanzenschutzorganisation auf meine Initiative zurück. Karren- und Rückenspritzen wurden angeschafft und turnusmäßige Spritzungen mit den schlimmsten Giften durchgeführt. Über diese Organisation schrieb ich für ein großes chemisches Werk damals einen entsprechenden Artikel. Eine große Kohlfliegenplage, die weite Felder verwüstete, wurde zum Beispiel mit „Sublimat" (Quecksilberchlorid), einem der gefährlichsten Gifte, erfolgreich bekämpft. Als später auf Kartoffelfeldern die Blattläuse stark auftraten, wandten wir Nikotin an und hatten auch mit diesem Mittel Erfolg.

Eines Tages kam ich zu einem kleineren Gemüsebauern und wunderte mich, dass ich bei ihm größere Kompostanlagen fand. Auf mein Befragen erklärte er mir, dass er wirtschaftlich nicht in der Lage sei, „Kunstdünger“, also salzhaltige, wasserlösliche Dünger, zu kaufen. Ausschließlich damit wurden seine Ländereien mit Kompost gedüngt. Seine Kulturen standen gut und Kalamitäten mit Kohlfliegen, Raupen, Blattläusen usw. kannte er nicht.

Das Erlebnis hat mich erstmals nachdenklich gemacht und aufmerksam auf die Zusammenhänge zwischen dem gesunden, lebendigen, mit Kompost versorgten Boden mit ausgeglichenem Nährstoffgehalt und den gesunden, widerstandsfähigen Pflanzen. Ich sah auch plötzlich, dass die großen Schädlingsplagen, wie ich sie auf den riesigen Kohl- und Kartoffelfeldern erlebt hatte, nicht ohne Zusammenhang waren mit der salzhaltigen, wasserlöslichen Ernährung dieser Pflanzen und den naturwidrigen, einseitigen Monokulturen. Von da an wurde aus dem Saulus ein Paulus.

Bald darauf führte mich mein Weg nach Berlin, wo ich viele Jahre im Scherl-(Hugenberg-)Verlag als Journalist tätig war und eine große landwirtschaftliche Zeitschrift, „Praktischer Ratgeber für Landwirtschaft und Gartenbau", redigierte. Ich fand einen 1100 Quadratmeter großen Garten in Berlin-Grünau und begann sofort, ihn biologisch zu bearbeiten. Der Vogelschutz wurde eingeführt, Laub, Abfälle und Grasschnitt gesammelt und kompostiert, vorhandene Obstbäume verjüngt und ordnungsgemäß gepflegt. In kurzer Zeit entstand ein kleines Paradies. Der Garten gab uns alles in Hülle und Fülle her, das schönste Obst und Gemüse. Auch Hühner und Kaninchen hielten wir darin. Gegen Ende des Zweiten Weltkrieges wurde ich eingezogen, nachdem ich anfangs wegen meiner beruflichen Tätigkeit zurückgestellt worden war. Als Soldat war ich längere Zeit in Holland, wo ich für die Ernährung der Stadtbevölkerung aus der eigenen Landwirtschaft zu sorgen hatte. Ich war also mehr als Landwirt denn als Soldat dort tätig und hatte guten Kontakt mit den dortigen Bauern. Eines Tages gelang es mir, neun Bauern vor dem Tod durch Erschießen zu retten. Diesen Vorgang bestätigte mir der Bürgermeister der Ortschaft (Limmen in Nordholland) schriftlich. Die Bauern selbst schenkten mir aus Dankbarkeit ein wertvolles Ölbild und auch noch nach dem Krieg haben sie mir ihre Dankbarkeit gezeigt. Sie schickten mir in den ersten schweren Pionierjahren ihre Söhne ins „Paradies“, damit sie mir ein wenig von meiner schweren Arbeit abnähmen. Meine Frau, die allein in Berlin geblieben war, wäre in der ganz schlechten Zeit fast verhungert, hätte sie nicht unseren Garten in Berlin-Grünau gehabt. Sich selbst und auch eine Schwester hat sie damit über die Hungerszeit hinweggebracht. Als ich aus der Gefangenschaft zurückkam, hatten wir in Berlin alles verloren und auch der Verlag war vernichtet. Ich musste mir eine neue Existenz schaffen.

Auf der Suche danach kam der entscheidende Wendepunkt in meinem Leben: Ich erlitt 1948 einen Motorradunfall und musste 83 Tage mit schweren Knochenbrüchen im Krankenhaus bleiben. Heute bin ich dem Schöpfer dankbar für diesen scheinbaren „Un"-fall, denn im Krankenhaus in Kranenburg am Niederrhein hatte ich erstmals Zeit, über den Sinn den Lebens nachzudenken. Ich beschloss noch auf dem Krankenlager, irgendwo aus einem Stückchen Ödland ein Paradies zu schaffen, in dem Nahrung für die Menschen ohne Gift oder schädliche Stoffe heranwachsen sollte. Der Arzt machte mir aber keine großen Hoffnungen bezüglich der Wiedererlangung meiner vollen Leistungsfähigkeit. Meine Verletzungen waren so schwer, dass man den Plan für undurchführbar hielt. Ich jedoch vertraute auf die Heilkraft gesunder Nahrung; ich verschlang Möhren in rauen Mengen, weil mir bekannt war, dass ihr Genuss die Kallusbildung fördert. Damals schmeckten die Möhren noch nach Möhren und sie enthielten noch kein Dieldrin oder ähnliches, wie es heute der Fall ist. Die Brüche heilten wider Erwarten gut und ich konnte früher als vorgesehen das Krankenhaus verlassen.

Bald fand ich ein solches Stück Land, wie es meinen Vorstellungen entsprach, zwischen Remagen und Bad Neuenahr auf der Höhe gelegen. Man wies es mir von der Siedlungsbehörde zu und ich nannte es „Paradies". Unser ganzes Hab und Gut, das wir gerettet hatten, brachten wir in einer 18 Quadratmeter großen alten Baracke unter, die uns für etwa zweieinhalb Jahre als Wohnung dienen sollte, ohne Strom und Wasseranschluss. Wenn der Regen ausblieb, musste ich einige hundert Meter weit zu einem alten Forsthaus gehen, um dort aus dem Brunnen Wasser für uns zu holen. Das kam leider sehr oft vor und war mit zusätzlicher Mühsal verbunden. Der Wald lieferte uns viele Früchte und Kräuter. Damals sammelten wir auch Bucheckern, um daraus Öl pressen zu lassen, da wir nur wenig Geld hatten. In einem kleinen Stall hielten wir ein paar Hühner sowie Ziegen und Schafe. Meine Frau, die früher einmal Lehrerin gewesen war, lernte mit 48 Jahren noch melken. Sie ging mit den Tieren in die umliegenden Wälder und an Wegränder, wo diese sich ihr abwechslungsreiches Futter zupfen konnten. Sie hing sehr an den Tieren und hatte ganz gerne deren Betreuung übernommen. In einer schweren Krankheit ist sie einmal nur durch den Genuss von Ziegenmilch wieder gesund geworden. Zweimal wöchentlich ging sie in der allerersten Zeit mit den Eiern unserer Hühner nach Remagen (hin und zurück zehn Kilometer!), um sie dort zu verkaufen.

Nun konnte das Werk beginnen. Voll Vertrauen auf die Zukunft begann ich den Wald zu roden. Die Bäume mussten zunächst von Hand gefällt werden und an manchen Tagen gelang es mir nur, vielleicht sechs Quadratmeter Land zu gewinnen. Zum Roden der Bäume und Sträucher standen mir nur Äxte, Eisenkeile und Sägen zur Verfügung. Größere Bäume und Sträucher wurden, nachdem ich die Wurzeln rundherum freigeschlagen hatte, mit einem Hebelarm, der aus einem kräftigen Baumstamm bestand, herausgedreht. Diese Arbeit ging bei Birken, die ausgedehnte Flachwurzeln haben, verhältnismäßig schnell vonstatten. Schwierig wurde es bei größeren Eichen oder Buchen, weil es sich ja dabei um Tiefwurzler handelt. Zu Beginn war das Wetter für die Rodung günstig und ich kam gut voran, zumal im oberen Teil des Geländes vor-

Foto: Mathias Erven

In dieser 18 Quadratmeter großen Baracke wohnten wir in den ersten Jahren.

wiegend Birken und Gebüsche standen. Das gewonnene Holz wurde auf Haufen gebracht, damit es später verbrannt werden konnte.

Sofort wurde das gewonnene Land bestellt, und zwar pflanzte ich als erstes Kartoffeln, Rüben, Bohnen und Kohlarten. Aber ich hatte nicht eingerechnet, dass die vielen Waldbewohner – Kaninchen, Hasen, Rehe und Wildschweine – sich bald einstellen würden, um gleich vom Felde weg mit zu verzehren. Deshalb war nun mein erstes Bestreben, rasch einen Zaun um mein Gelände zu setzen, um vor solchem Schaden künftig bewahrt zu bleiben. Dieser Zaun war bald umwachsen – teils von mir gepflanzt, teils selbst angesiedelt – von allerlei Strauchwerk aus Holunder, Brombeeren, Ebereschen, Weißdorn u.v.a., das Vögeln, Igeln, Wieseln und allerlei anderem Getier Schutz und Unterschlupf bot.

Ein weiteres Hindernis stellte sich mir entgegen, als ich begann, das Land zu bestellen: die gesamte Fläche war mit Tausenden von Steinen, sogenannten Konglomeraten, durchsetzt. Jahrelang musste ich in mühevoller Arbeit immer wieder schwere und schwerste Brocken, die meist flach im Boden lagen, entfernen. Einen der schönsten und größten Steine habe ich mir vor Jahren als Denkmal hingesetzt und darauf den Spruch schreiben lassen: „Vor den Lohn hat Gott den Schweiß gesetzt."

Im Jahr 1959 brachte ich erstmals ein Schild an meine Einfahrt an mit dem Text: „Paradies. Biologischer Obst- und Gemüsebau. Private biologische Lehr- und Versuchsanstalt“ und meinen Namen. Nun wurde man durch das Schild auf mich aufmerksam, Journalisten begannen sich zu interessieren und es erschienen in mehreren Zeitungen entsprechende Berichte. Im gleichen Jahr eröffnete ich in Anwesenheit von 50 geladenen Gästen meinen Lehr- und Versuchsbetrieb, den ersten dieser Art in der Bundesrepublik Deutschland.

Um meine Erzeugnisse zu verkaufen, musste ich mir erst einmal ein Absatzgebiet suchen. Da der nächstgelegene Ort Remagen gut fünf Kilometer entfernt liegt, musste ich noch eine Transportmöglichkeit finden, wenn ich nicht alles tragen wollte, wie meine Frau es anfangs mit Eiern getan hatte. So verschaffte ich mir ein Doppelpony mit Wagen und fuhr zweimal wöchentlich durch die Straßen in Remagen und hatte bald einen festen Kundenkreis. Das Pferdchen, „Hexe“ genannt, kannte schon schnell alle Kunden und hielt immer von selbst vor der richtigen Tür. Heute noch erinnern sich viele Remagener dieser schönen Zeit, als alles noch etwas gemütlicher war.

Foto: Mathias Erven

Das Pferdchen „Hexe" war viele Jahre mein Freund und Helfer.

In den ersten schweren Jahren kam es mir wirtschaftlich sehr zustatten, dass ich noch drei Jahre lang am Staatlichen Gymnasium in Bad Neuenahr als Biologielehrer tätig sein konnte. Der besonders praxisnahe Unterricht fand bei den Schülern großen Anklang und heute noch habe ich mit vielen von ihnen Kontakt.

Im Jahre 1971 erschien eine kleine Schrift über mein „Paradies", geschrieben von Herrn *Oswald Hitschfeld,* dem unermüdlichen Streiter für giftfreien Anbau. Durch zahlreiche Vorträge, Diskussionen und Veröffentlichungen hat er unendlich viel für die Aufklärung und die Verbreitung dieses Gedankengutes getan und er tut es heute noch. 1976 erlebte die kleine Schrift eine zweite Auflage, erweitert um einige Zusätze von mir selbst. Sehr zu Dank verpflichtet bin ich Herrn Hitschfeld, dass er auf diese Weise schon vieles aus meinen Versuchen und Erfahrungen Öffentlichkeit zugänglich gemacht hat.

Ich selbst bin schon seit über zehn Jahren in den Wintermonaten zu zahlreichen Vorträgen im In- und Ausland unterwegs, nicht nur im deutschsprachigen Ausland, Schweiz, Österreich und Liechtenstein, auch in Holland und Belgien bin ich zu Vorträgen mit 500 und mehr Zuhörern gerufen worden. Es ist für mich eine große Freude zu erleben, dass das Interesse für diese Vorträge von Jahr zu Jahr größer wird und die Besucherzahlen zunehmen.

Im Jahr 1973 lernte ich Frau *Ursula Venator* kennen, die von Köln aus zum Einkauf nach hier kam. Wir führten bei diesem ersten Besuch hier ein kurzes fachliches Gespräch. Frau Venator ist gelernte Gärtnerin und hatte damals Fragen bezüglich der biologischen Bearbeitung ihres Gemüsegartens in Köln.

Sie lebt nun ganz im „Paradies", hat inzwischen für sich und ihre Familie im „Paradies" ein kleines Haus gebaut und arbeitet mit mir gemeinsam. So ist sie auch in der Lage, in diesem Buch über ihren Gemüsebau hier im Paradies zu berichten.

Der Westdeutsche Rundfunk, Köln, drehte 1977 im Lauf von etwa fünf Monaten einen Fernsehfilm über mein Paradies. Dieser Film wurde am 1. November 1977 unter dem Titel: „Der fröhliche Landmann im Paradies" (Redaktion: *Fritz Breuer*) ausgestrahlt und fand ein großes Echo bei den Zuschauern. Hunderte von Zuschriften kamen sowohl an mich wie auch an den WDR. Die Fragen: „Warum nur 45 Minuten für ein solches Thema?", „Warum kommt nicht öfter so eine Sendung?" u. ä. tauchten immer wieder auf. Die beiden Autoren des Films, *Barbara Rast* und *Hans Diedenhofen,* haben mit großem Einfühlungsvermögen, viel Sachkenntnis und Engagement den Film erarbeitet und sich große Verdienste dadurch erworben. Man spürte, wie sie sich während der Filmarbeit immer intensiver in die Materie einarbeiteten und den gesamten Komplex der heutigen Umweltsituation mit einbezogen. Beiden sind wir seitdem freundschaftlich verbunden.

Wenn ich heute dieses Buch der Öffentlichkeit übergebe, soll das nicht geschehen, ohne zu sagen, dass ich in all den Jahren nie vergessen habe, wieviel Dank ich dem Schöpfer schuldig bin. Nur er hat mir die körperliche und geistige Spannkraft bis zum heutigen Tage gegeben, sodass ich mein Werk durchführen konnte. In vielen schweren und entbehrungsreichen Jahren habe ich seine Hilfe immer gespürt. Zum sichtbaren Zeichen meiner Dankbarkeit habe ich ihm eine Kapelle in meinem Gelände errichtet aus den Steinen, wie ich sie zu Tausenden aus dem Boden habe entfernen müssen, bevor ich ihn bestellen konnte.

In der Kapelle ist eine Tafel aufgestellt, auf der ein Spruch von mir aus dem Jahre 1975 zu lesen ist:

Die Sonne ist nur ein Staubkörnchen der göttlichen Schöpfung;
die Sonne gibt uns die Wärme aus einer nie versiegenden Kraftquelle.
Sie gibt uns das Wasser über die Verdunstung der Meere,
sie gibt uns die Nahrung aus dem Blattgrün der Meeres- und Landpflanzen,
also gibt uns die Sonne das Leben.
Wer daher an der göttlichen Schöpfung zweifelt, ist und bleibt ein Tor.

Tiere im „Paradies"

Meine Hühnerhaltung

Von Anfang an habe ich im „Paradies" immer einige Hühner gehalten. Aber von Jahr zu Jahr habe ich diese Haltung vergrößert, nicht nur des hervorragenden biologischen Düngers wegen, sondern auch, weil die Nachfrage nach Eiern von freilaufenden Hühnern immer größer wurde.

In den ersten Jahren habe ich die Junghühner selbst herangezogen, teils mit Glucken, teils mit Hilfe einer Brutmaschine. Aus Mangel an Hilfskräften musste ich das aber wieder fallenlassen. Heute beziehe ich die Junghühner als fast legereife Hennen. Die Hühner haben einen Stall mit Naturboden, der, ebenso wie der überdachte Auslauf, ständig mit Stroh eingestreut wird. Laufend wird das Stroh mit Lavamehl überstäubt, weil wir dadurch nicht nur den Geruch, sondern auch Feuchtigkeit binden; Lavamehl kann bis zu 25 Prozent Wasser

Die Badeanstalt für die Hühner, mit Lavamehl gefüllt.

aufnehmen! Wir erhalten auf diese Weise einen hochwertigen, trockenen Geflügeldünger, neben der organischen Masse auch reich an Mineralstoffen aus dem Lavamehl. (Über Lavamehl wird noch gesondert in einem späteren Kapitel berichtet.) Der gewonnene Geflügeldünger ist so trocken, dass man ihn mit der Hand ausstreuen könnte.

Aus dem überdeckten Auslauf ist er noch reicher, weil die Hühner hier laufend Grünfutter erhalten und durch ihr Scharren das Stroh selbst zerkleinern. Früher hatten sie ein Staubbad, das ständig mit Asche gefüllt wurde. Seit einigen Jahren verwende ich hierfür das staubfeine Lavamehl, das die Hühner dann nach dem Bad durch ihr Schütteln im Auslauf verteilen. Viele Besucher, die diese einfache, naturgemäße Methode der Hühnerhaltung bei mir gesehen haben, sind daraufhin selbst wieder zu Hühnerhaltern geworden. Jedem, der einen größeren Garten hat, kann ich nur empfehlen, sich ein paar Hühner zu halten.

Dass unsere Hühner auch Hähne bei sich haben, ist eigentlich selbstverständlich. Das gehört zu einer naturgemäßen Hühnerhaltung einfach dazu! Schon *Plinius der Ältere*, der römische Schriftsteller (im Jahre 79 n. Chr.), be-

Der überdachte Hühnerauslauf wird mit Stroh eingestreut.

richtet in seiner „Naturgeschichte“, dass die Eier von Hühnern, die keinen Hahn haben, „kleiner, von schlechterem Geschmack und flüssiger als die guten (befruchteten) seien“ (zitiert aus *L. Reinhardt:* „Kulturgeschichte der Nutztiere“, München 1912, S. 307).

Ein Teil meiner Hühner hat einen Auslauf, der nicht überdacht ist. Er ist dreigeteilt und wird im Wechsel genutzt. Einige Hochstämme geben den Tieren Schutz und Schatten. Um unabhängig zu werden vom Zukauf eiweißreicheren Futters laufen bei mir zur Zeit Fütterungsversuche mit Brennnessel, Comfrey und der vielgeschmähten Ochsenzunge *(Rhumex obtusifolius),* einem außerordentlich tiefwurzelnden Kraut, das dadurch wichtige Mineralstoffe aus tiefen Bodenregionen (bis zu einem 1,10 Meter wurden bei uns Wurzeln gemessen!) heraufholen kann. Über das Ergebnis kann im Augenblick noch keine Aussage gemacht werden. Soviel nur sei gesagt: die Brennnessel muss auf jeden Fall abgemäht werden, damit die Hühner an sie herangehen. In angewelktem Zustand verlieren die Brennhaare ihre Wirkung. Auch der Comfrey wurde am Anfang nur in abgemähtem, leicht angewelktem Zustand gefressen, inzwischen jedoch picken die Hühner ihn.

Diese Wurzel der Ochsenzunge war 1,10 Meter tief in den Boden eingedrungen.

Millionen Mitarbeiter im Paradies

Auf einer Reise durchs herrliche Badische Land, wo ich eine Reihe von Vorträgen zu halten hatte, las ich auf einem Türbalken folgende Inschrift: „Ein Baustein trägt den anderen.“ Diesen Satz kann man auch auf das Geschehen in der Natur übertragen; auch in der Natur „trägt“ ein Lebewesen das andere. Es gibt keine Pflanze und kein Tier, das auf sich allein gestellt auf Dauer leben könnte und deshalb gibt es auch keine Pflanze und kein Tier, also kein Lebewesen, das ausschließlich „nützlich“ oder „schädlich“ ist. Aus dieser Erkenntnis heraus fördere ich in meinem Betrieb alles Leben, schütze und erhalte ich sowohl den „Schädling“ wie den „Nützling“, das „Kraut“ wie das „Unkraut“. Auf diese Art und Weise habe ich im Lauf der Jahre Millionen Mitarbeiter gewonnen, die tags und teils auch nachts für mich arbeiten, nicht nach Arbeitszeitverkürzung oder Lohnerhöhung fragen, keinen Urlaub wollen und auch nicht streiken. Sie sind mir dankbar dafür, dass ich ihnen günstige Lebensbedingungen schaffe und sie am Leben erhalte. Ich meine mit diesen Mitarbeitern meine Millionen von Ameisen, Bienen, Wespen, Ohrwürmern, Flor- und Schwebfliegen, Marienkäferchen, Regenwürmern, Eidechsen, Kröten, Mauswiesel, die Vogelwelt und andere, auf die ich später noch zu sprechen komme. Es hat sich im Lauf der Zeit eine Lebensgemeinschaft gebildet, in der einer den anderen schützt und fördert und auch einer den anderen im Gleichgewicht hält – denn auch fressen und gefressen werden gehört in den Kreislauf der Natur. Wenn ich auch nur eine einzige Gruppe innerhalb dieser Lebensgemeinschaft zerstöre, ist das ganze Gleichgewicht gestört und der Kreislauf funktioniert nicht mehr. Wenn man, wie es heute in der konventionellen Landwirtschaft laufend geschieht, mit Giften aller Art in diesen natürlichen Kreislauf eingreift, ist man gezwungen, Jahr für Jahr immer mehr Gifte auszuspritzen. Ein natürliches Gleichgewicht zwischen „Nützling“ und „Schädling“ kann nicht mehr funktionieren, weil ich einzelne Tierarten vernichtet habe. Das heißt also, dass eine Giftspritzung weitere nach sich zieht. Man kommt in einen Teufelskreis, aus dem nur sehr schwer wieder herauszukommen ist.

Meisen, hier eine Blaumeise, gehören zu den wichtigsten Helfern im „Paradies".

Solche Schilder ließ ich gleich in den ersten Jahren aufstellen. Daneben im geöffneten Nistkasten ist ein Sperlingsnest. Der Kasten selbst ist 30 Jahre alt!

Der Vogelschutz

Will man mit den biologischen Maßnahmen im Obst- und Gemüsebau beginnen, dann steht an erster Stelle der Vogelschutz. Und zwar aus dem Grunde, weil alle Vogelarten ihre Jungtiere mit Insekten, Larven, Eiern, kleinen Schmetterlingen, Raupen usw. solange füttern müssen, bis sie selbst in der Lage sind, sich Futter zu suchen. Genauso wie eine Mutter ihr Baby in den ersten Monaten nicht mit Speck, Brot oder Getreide füttern kann, sondern nur mit Milch – am besten mit der Muttermilch – genauso wenig können die Jungvögel mit Körnern, Brot oder ähnlichem gefüttert werden. Diese Tatsache sollte uns veranlassen, in verstärktem Maß die Vögel als Helfer im Obst- und Gemüsebau einzusetzen. Wenn man weiß, dass ein Meisenpaar zum Beispiel bei einer zweimaligen Brut mit einer Jungtierzahl von zehn bis 13 Vögeln im Lauf des Sommers bis zu 150 Pfund, das ist eineinhalb Zentner, an Insekten, Eiern und Larven von Bäumen und Sträuchern suchen muss, um die hungrigen Mäuler zu stopfen, dann muss man sich doch fragen, ob es nicht angebracht ist, den Vogelschutz als erste und wichtigste Maßnahme im biologischen Anbau einzusetzen. Diese Gedanken haben mich im Jahre 1948 bewogen, als

Auch dieses Schild soll die Besucher zum Nachdenken anregen.

allererstes mit einem ausgedehnten Vogelschutz zu beginnen, denn ich habe ja mein Vorbild, den gesunden Mischwald, nie aus dem Auge verloren. Wie habe ich das nun gemacht?

Als Nistkästen wählte ich von vorneherein solche, die eine lange Lebensdauer haben. Es boten sich hier Holzbeton-Nistkästen an, die eine Lebensdauer von einigen Jahrzehnten haben. Holznistkästen sind zwar schön und naturgemäß und werden von den Vögeln auch gerne angenommen, doch leider muss man sie zu häufig erneuern. Ich wählte also Holzbeton-Nistkästen, die es heute in den verschiedensten Größen gibt. Die von mir zunächst gewählten Kästen, die einen Brutraum von etwa 11 mal 11 Zentimeter hatten, erwiesen sich als ausreichend zwar für Sperlinge, jedoch als zu klein für Meisen, die ja eine viel größere Anzahl von Jungtieren großziehen. So ging ich im Lauf der Jahre dazu über, viele größere Kästen zusätzlich anzubringen, die einen Brutraum von etwa 14 mal 19 Zentimeter haben. In diesen Kästen können sich auch bis zu 13 Jungtiere voll und ganz entwickeln und können als flugfertige Tiere das Nest verlassen. In den kleineren Kästen fand ich des Öfteren nach dem Ausfliegen der Jungvögel mehrere tote Vögel vor, die von den stärkeren unterdrückt und von den Eltern nicht mehr gefüttert worden waren. Schon aus diesem Grund ist eine mehrmalige Kontrolle notwendig, um im gegebenen Fall den Kasten zu säubern. Die erste Kontrolle hat also schon Ende Mai zu erfolgen.

So wurden die Vogel-Nistkästen in Augenhöhe aufgehängt, darunter die Schutzglocke gegen Mauswiesel.

Die Aufhängung der Nistkästen

Deshalb hänge ich die Kästen so auf, dass ich beim Öffnen der Kästen direkt hineinsehen kann, das heißt, ich hänge sie in Augenhöhe auf. Zum Aufstellen benötige ich Pfähle von zweieinhalb Meter Höhe und einer Stärke von etwa sechs bis acht Zentimeter. Die Pfähle müssen am unteren zugespitzten Ende etwa 60 Zentimeter imprägniert sein, damit sie lange halten. Die Nistkästen selber werden mit dem Einflugloch nach Südosten ausgerichtet, damit kalter Wind und Regen möglichst nicht hineinkommen. Bei dieser ersten Art der Aufstellung musste ich nach zehn Jahren an einem Sonntagmorgen die Feststellung machen, dass in einem Kasten, in dem ich am Tage vorher noch 13 Blaumeisen gesehen hatte, ein Mauswiesel eingedrungen war und die 13 Jungtiere verzehrt hatte. Dieses Erlebnis veranlasste mich, darüber nachzudenken, wie ich das in Zukunft verhindern könnte. Das Mauswiesel zu vernichten, wäre töricht gewesen. Es hat im Naturgeschehen eine wichtige Funktion, indem es Mäuse aller Art nicht überhand nehmen lässt. Alsbald kam mir die Idee, einen Schutzschild unter dem Nistkasten anzubringen. Zunächst benutzte ich Aluminiumglocken von ausrangierten Höhensonnen, die ich bei Althändlern auf dem Schrottplatz für billiges Geld erwerben konnte. Da mir dieselben aber in einer größeren Anzahl auf die Dauer doch zu teuer wurden, benutze ich heute Plastikschüsseln, die einen Durchmesser von etwa 36 bis 40 Zentimeter haben. Diese Schüsseln oder Schalen werden mit einer Bohrmaschine je nach der Stärke des Pfahles durchbohrt und mit der Öffnung nach unten über den Pfahl gestülpt. 20 Zentimeter unterhalb des Nistkastens werden vier starke Krampen in den Pfahl geschlagen, hierauf findet die Glocke Halt. Damit sie bei Sturm nicht hin und her geschlagen werden kann, wird sie von oben mit zwei Nägeln festgehalten. Nun kann man noch zusätzlich etwas sehr Wichtiges tun: man schlägt unter der Schüssel einen größeren Nagel ein, an dem man im Winter Futter für die Vögel anbringen kann. Nach meinen Erfahrungen ist Rindertalg das billigste Futter, das auch von allen Vogelarten gerne genommen wird. Wir hängen es schon Ende November auf, damit die Vögel bei Frosteinbruch schon die Plätze kennen. Wichtig ist es, vor dem Aufhängen die pergamentartige Außenschicht mit einem Messer mehrfach aufzuritzen. Diese Vorratsfütterung ist deshalb wichtig, weil zum Beispiel eine Meise, wenn sie 24 Stunden lang kein Futter gefunden hat, ihr Leben lassen

In diesem und anderen Behältern wird den Vögeln im Winter Futter geboten.

muss. Auf diese Weise halten wir die Vögel bei uns im Gelände und sie danken es uns, indem sie uns im Sommer bei der Vernichtung der Insekten helfen.

Interessant ist, dass alle Vogelarten nur so lange vom Menschen Futter annehmen, bis sie in der Natur wieder ihr bevorzugtes, natürliches Futter, nämlich Insekten aller Art, finden. Auch diese Erfahrung habe ich im Lauf der Jahre gemacht.

Außer diesen billigen Futterstellen, die ja immer vor Schnee und Regen durch die Glocken geschützt sind, habe ich noch zwei verschiedene Futterhäuser aufgestellt, die mit ölhaltigen Früchten und anderen Sämereien stets gefüllt sind. Viele Vogelliebhaber sind der Meinung, man müsse den Sperling von den Winterfutterstellen fernhalten, weil man die Meise für erhaltungswürdiger und wertvoller hält. Es stimmt, dass der Sperling in Stadtnähe gelegentlich zur Plage werden und überhand nehmen kann, im Obstbau ist er mir fast genau so lieb wie alle anderen Vogelarten. Er muss genau wie sie seine Jungtiere mit Insekten, Larven und Eiern füttern und es kommt vor, dass er bis zu dreimal im Jahr brütet. Er sucht, genauso wie die Meise, Baum für Baum und Strauch für Strauch ab und vertilgt sehr gern auch Läuse an den Rosen.

Die inzwischen von mir verwendeten Plastik-Schutzschüsseln haben außerdem noch den Vorteil, dass sich in den umgebogenen Rändern von Tau oder Regen Wasser sammelt, das dann von Vögeln, Bienen u.a. Insekten als Tränke benutzt werden kann.

Die Pfähle mit den Nistkästen müssen frei aufgestellt werden, denn der Vogel muss seine Umgebung überblicken können, um herannahende Gefahren rasch wahrnehmen zu können.

Die Nistkästen haben aber nicht nur die Aufgabe, als Brut- und Aufzuchtstätte zu dienen, sondern sie bieten auch im Winter manchem Vogel geschützten Unterschlupf, sowohl bei Tag wie bei Nacht. Diese Tatsache ersehen wir daraus, dass wir die Kästen bei der ersten Frühjahrskontrolle schon mit Exkrementen bedeckt vorfinden.

Wenn der Vogelbesatz in einem Anbaugelände sehr groß ist, können wir auch mit zusätzlichen hochwertigen Düngemengen rechnen, Qualität dem Peru-Guano ähnlich sind. Nicht umsonst sagt man: „Kleinvieh macht auch Mist“.

Die Zahl der Nistkästen

Im Allgemeinen rechnet man, dass man pro Hektar (das sind 10.000 Quadratmeter) bis 50 Nistkästen aufstellen kann. Nach meinen Erfahrungen kann man ohne Weiteres mehr Kästen aufstellen. Auch über die Entfernung der einzelnen Kästen voneinander habe ich Erfahrungen gesammelt; dabei habe ich festgestellt, dass zum Beispiel Sperlingsnester in einer Entfernung von wenigen Metern stehen können. Meisen sind darin etwas zurückhaltender, doch auch Meisennester habe ich schon in einer Entfernung von zehn Metern gefunden.

Zum Nestbau benutzen die Vögel verschiedene Materialien. Die Meisen bauen z. B. mit Vorliebe ihre Nester aus Moos und ganz feinen Flaumfedern, der Sperling ist einigermaßen wahllos, er bevorzugt Hühnerfedern, kleine Zweige, Blätter, Stroh, Heu. Wenn man nun einen größeren Vogelschutz angelegt hat, ist es wertvoll, den Vögeln Nistmaterial zur Verfügung stellen. So habe ich einen Kasten aus Maschendraht aufgestellt, in den ich laufend entsprechendes Material hineinbringe: Hühnerfedern, ausgekämmte Schafwolle, Bastfasern, Heu u. ä. Diesen Kasten muss ich mehrmals im Lauf des Sommers nachfüllen, ein Zeichen dafür, wie eifrig davon Gebrauch gemacht wird.

Für den Baumläufer gibt es eigens Nistkästen, die direkt an Baumstämmen angebracht werden können. Aber nicht alle Vogelarten nehmen überhaupt künstliche Nistkästen an. Sie wollen ihre Nester selber bauen. Deshalb ist in meinem Gelände nicht jeder Quadratmeter Land für den Anbau ausgenutzt, sondern ich habe zwei größere Flächen mit Wald, einige weitere mit Sträuchern und Buschwerk bestanden belassen. Hier finden wir Jahr für Jahr die Nester von Gartenrotschwanz, Heckenbraunelle, Zaunkönig, Walddrossel, Buchfink, Dompfaff und viele andere. Alle diese Vögel verrichten in meinem Betrieb die gleiche nützliche Arbeit wie die Meisen. Es ist für jeden Betrieb von größter Wichtigkeit, einen kleinen Prozentsatz seiner Flächen mit Gebüschen und Hecken zu bepflanzen, um so unseren überaus nützlichen Mitarbeitern, den Vögeln, einen Lebensraum zu schaffen. Auch sollte ihnen eine flache Tränke, ständig mit Wasser gefüllt, zur Verfügung stehen. Ein Vogel, der stets ausreichend Wasser zur Verfügung hat, vergreift sich auch weniger an den Früchten des Gartens. Vorwiegend frisst er nämlich dann Erdbeeren, Kirschen und anderes, wenn er Durst hat.

Später wurden Plastikschüsseln als Schutzglocke verwendet.

Auf dem Markt sind auch Vogelnistkästen in Form und Maß von normalen Hohlblocksteinen. Man kann sie in Wände und Mauern einlassen, ebenfalls in Augenhöhe. So kann auch der Städter sich an der Vogelwelt erfreuen. Denn auch die Freude, die die Beobachtung der Vögel und ihr Gesang uns bereitet, ist ein wichtiger Faktor, gesund und leistungsfähig zu bleiben. Ein Ziel, das wir ja alle anstreben.

Leider kommt es immer wieder vor, dass naturgemäß arbeitende Obstbauern oder Vogelliebhaber mir mitteilen, dass sie in ihren Nistkästen tote Jung- und Altvögel finden. Das kommt oft daher, dass in der Nachbarschaft mit Giften gearbeitet worden ist – das kann auch Schneckenkorn sein. Die Vögel verfüttern und fressen selbst vergiftete Insekten oder Schnecken und müssen ihr Leben lassen. Hier ist es angebracht, mit den Nachbarn ein aufklärendes Gespräch zu führen.

Vielfach höre ich die Meinung, dass manche Vögel, zum Beispiel Stare und Amseln, mehr Schaden als Nutzen anrichten. Dies ist nur dann der Fall, wenn die Vögel dadurch überhand nehmen, weil ihre natürlichen Feinde nicht genügend vorhanden sind – in diesem Fall durch verstärkten Abschuss von Greifvögeln.

Die Bedeutung der Greifvögel

Es ist in einem größeren Betrieb nicht genug, sich nur den kleineren Vögel anzunehmen. Auch die Greifvögel, die man im Volksmund meist als „Raubvögel" bezeichnet, spielen im Haushalt der Natur eine wichtige Rolle. Vor allem haben sie die Aufgabe, kranke und schwächliche Kleintiere wie Mäuse, Kaninchen, Hasen usw. auszumerzen. Gewiss, sie richten gelegentlich in einem Hühnerhof einmal Schaden (Habicht) an, meist aber nur dann, wenn ihnen während der Aufzucht der Jungvögel nicht genug Futterangebot zur Verfügung steht. Leider wurde den Greifvögeln lange Zeit hindurch stark nachgestellt und dadurch der Bestand reduziert. Aber auch eine Anreicherung von Giften aus Land- und Forstwirtschaft hat zum Rückgang der Tiere sehr beigetragen. Deshalb konnten sich als Folge dessen Amseln und Stare zum Beispiel so stark vermehren, dass sie zur Plage wurden. Schuld am starken Abschuss von Greifvögeln trägt auch jeder mit, der unbedingt eine solche ausgestopfte Trophäe in seiner Wohnung haben muss. Dies ist wieder einmal eins von den vielen Beispielen, die zeigen, wie das gedankenlose Eingreifen des Menschen in den Naturkreislauf Folgen haben kann, an die man vorher überhaupt nicht gedacht hat.

Um Greifvögel anzulocken, habe ich in meinem Betrieb einige sechs bis sieben Meter hohe Stangen aufgestellt, mit Querstangen versehen, die Greifvögeln als Sitzplatz dienen können. Von dort aus können sie hinunterspähen und ihre Beute in Ruhe anvisieren. Die Stangen werden laufend von Sperber, Bussard, Habicht und dem herrlichen Rotmilan benutzt. Im Winter dient eine dieser Stangen als Futterstange, an der mit Hilfe eines Flaschenzuges Futter hochgezogen werden kann. Eine solche Maßnahme ist aber nur in einem besonders strengen Winter angebracht.

Auch der Waldkauz ist bei mir heimisch. Ich habe ihm eigens einen Waldkauz-Kasten gebaut. Er steht auf meiner früheren Wohnbaracke und ist 74 Zentimeter breit, 56 Zentimeter tief; vorn ist er 45 Zentimeter, hinten 55 Zentimeter hoch und die Fluglochgröße beträgt 14 mal 18 Zentimeter. Der Waldkauz geht Tag und Nacht auf Mäusejagd; sein Flug ist vollkommen geräuschlos. Ein einmaliges Erlebnis ist es, ihn in voller Aktion zu sehen! Eines Tages hatte sich einer bei mir in einem Schutznetz verfangen. Als ich ihn aus seiner Notlage befreit hatte, ließ er sich noch ruhig eine Weile festhalten, sodass Ursula Venator ihn rasch fotografieren konnte.

Heinz Erven mit einem Waldkauz.

Dank der vielen Maßnahmen, die ich im Lauf der Jahre zum Schutz der Vogelwelt ergriffen habe, sind bei mir heute etwa 25 verschiedene Vogelarten heimisch, die meinen Betrieb von Käfern, Kleinschmetterlingen und deren Eiern sowie Läusen und Raupen freihalten, in allen Bereichen in ihrer von Gott gegebenen Weise, vom Boden bis zur höchsten Baumspitze. Es wäre vermessen, wenn ich sagen würde, mein Betrieb sei frei von „Schädlingen"! Das wäre ja gar nicht im Sinne des Schöpfers! Jedes Tier hat seine Daseinsberechtigung und seinen Platz im Naturhaushalt. Wichtig ist für uns, dass ein eventueller Schaden in geringen Grenzen gehalten wird. Der verantwortungsbewusste und naturliebende Bauer gönnt seinen kostenlosen Mitarbeitern gern einige Prozente seines Ertrages. Wenn man einen solchen Vogelschutz aufgebaut hat, kann man in aller Ruhe zusehen, wenn Insekten der verschiedensten Art sich auf den Bäumen niedergelassen haben. Er weiß, dass diesem Spuk spätestens dann ein Ende bereitet wird, wenn die ersten Jungvögel ausschlüpfen und die Fütterung beginnt. Es ist ja ein wundervoller Zusammenhang zwischen der Brutzeit der Vögel und dem Auftreten sogenannter Schädlinge. Im Sommer 1979 zum Beispiel stellte ich ein starkes Auftreten der Apfelgespinstmotte fest, deren Gespinste – mit zahlreichen Räupchen besetzt – in vielen meiner Apfelbäume hingen. Ich habe mich darüber gar nicht aufgeregt; im Gegenteil, ich freute mich, weil auf diese Weise für meine Vögel der Tisch reich gedeckt war.

Es liegt klar auf der Hand, dass derjenige, der keinen Vogelschutz betreibt, zur Giftspritze greifen muss, wenn er überhaupt etwas ernten will. Wenn er sich umstellt, kann es durchaus sein, dass im ersten oder auch im zweiten Jahr noch nicht der volle Erfolg eintritt. Je nachdem, wie stark das Gleichgewicht der Natur schon gestört ist, kann man einfach nicht erwarten, dass sofort genügend Vögel zur Stelle sind. Man muss dann vielleicht einmal einen Schaden hinnehmen, bis sich dann nach ein oder zwei Jahren wieder ein Gleichgewicht eingependelt hat.

Nicht nur Nützlichkeitserwägungen sollten uns zum Vogelschutz veranlassen. Unendlich viel Freude bereitet das Beobachten der Tiere sowie ihr schöner Gesang, mit dem sie die Luft erfüllen; zu sehen, wie kunstvoll jeder Vogel sein Nest baut, jede Art in der ihr eigenen Weise – auch hier erkennen wir wieder einmal in kleinen Dingen die Großartigkeit der Schöpfung.

Wer die Natur belauscht
erkennt überall die Allmacht des Schöpfers.
(*H. Erven,* 1949)

Der Ohrwurm

Zahlreich sind die Helfer in der Natur, von denen ich nur die wichtigsten in diesem Buch erwähnen will. Einer von ihnen ist der Gemeine Ohrwurm *(Forficula auricularia),* der vielfach geschmäht und auch sinnlos bekämpft wird. Dabei gehört er zu den nützlichsten Tieren im Obst- und Gemüsebau. Wie fördere ich sein Leben? Zunächst muss ich wissen, dass nach meinen eigenen Beobachtungen die Meisen und Sperlinge dem Ohrwurm stark nachstellen. Er ist für sie ein Leckerbissen. Er gehört zu den Tieren, die ein Nachtleben führen. Tagsüber muss er sich, so gut es geht, vor seinen

Ein Ohrwurmtopf, der von Wespen bewohnt wird.

Aus diesem „Baumaterial" entsteht die Wohnung für den Ohrwurm.

Feinden verstecken und beginnt erst bei Dunkelheit, seinen Unterschlupf zu verlassen und auf Raub auszugehen. Um ihm tagsüber einen sicheren Unterschlupf zu verschaffen, habe ich einige tausend Ohrwurm-Wohnungen gebaut. Diese sind schon, vom „Paradies" ausgehend, in ganz Mitteleuropa verbreitet. Eine solche Wohnung besteht aus einem einfachen Tonblumentopf, einem 70 Zentimeter langen, stark verzinkten Draht sowie etwas Holzwolle, Heu oder Stroh. Über ein konisch gebautes Pflanzholz drehe ich ein Ende des Drahtes zu einer Spirale mit drei Windungen. Das andere Ende führe ich durch das Loch im Blumentopf, fülle in diesen locker die Holzwolle; der Draht wird hochgezogen, und die Spirale hält dann die Holzwolle fest im Topf. Das freie Ende des Drahtes kann nun gebogen und über einen Ast oder eine Stange gehängt werden. Bei uns zulande findet man den Ohrwurm frühestens ab Mitte Mai in den Töpfen, und er bleibt dort, solange er Beute findet. Die Zahl der Ohrwürmer in den Töpfen, die sich leicht durch vorsichtiges Umstülpen kontrollieren lässt, geht in manchen Jahren in die Hunderte. Diese Töpfe bezeichne ich gern als meine „fliegende Polizei". Ich kann sie ohne weiteres von einem Baum oder einem Strauch in den anderen hängen, wenn es notwendig ist.

Seine bevorzugten Beutetiere sind schwarze Blattläuse an Sauerkirschen. Er nimmt auch andere Nahrung, zum Beispiel Blut- und Schildläuse, auch habe ich beobachten können, dass er sogar in Hauszwetschen eindringt und die Larve der Pflaumen-Sägewespe vertilgt. Ich fand ihn ebenfalls in den Nestern der Apfelgespinstmotte. Auch Läuse an Stangen- und Buschbohnen verschmäht er nicht. Beim Ohrwurm können wir wunderbare Zusammenhänge erkennen zwischen dem Auftreten der Beutetiere und der Vermehrung der Ohrwürmer.

Nicht selten finden wir, dass die Töpfe auch von einem anderen Insekt als Wohnung benutzt werden, nämlich von der Wespe. Auch die Wespe wird vielfach geschmäht und vernichtet; aber auch sie gehört in den geschlossenen Kreislauf der Natur; auch sie muss zum Beispiel ihre Jungtiere mit Insekten, Larven und Eiern füttern, was die wenigsten Menschen wissen. Ich habe schon beobachtet, dass sie Stubenfliegen von meinem Fenster geholt hat, um sie zu verfüttern. Auf diese Nützlichkeit der Wespen hat schon im Jahre 1895 der Entomologe *Freiherr von Schilling* in seinem Büchlein: „Allerlei nützliche Garteninsekten" hingewiesen.

Der Igel und andere nützliche Tiere

Zu den nützlichen Helfern im Garten gehört der Igel, dem die Aufgabe zufällt, Mäuse, Schnecken, Raupen und andere in Schach zu halten. Der Igel gehört zu den Nachttieren und ist daher tagsüber selten zu sehen. Sobald die Dunkelheit einsetzt, geht er auf Jagd und legt nicht selten Wege von 300 bis 500 Meter zurück. Man kann ihn daher in einem geschlossenen Kleingarten kaum halten, da er dort nicht genügend Nahrung findet. Es muss schon ein größeres Gelände vorhanden sein. Wichtig ist, dass man dem Igel, wenn man ihn am Ort halten will, ständig genügend Trinkwasser zur Verfügung stellt. Der Igel ist ein durstiger Geselle; eher verdurstet er, als dass er verhungert. Dass er Schnecken in Mengen vertilgt, ist allgemein bekannt. Die wenigsten jedoch wissen, dass er auch die Mäuseplage reduziert. Ihm sind von Natur aus ein sehr guter Geruchssinn und scharfe Krallen gegeben. Wenn er ein Mäusenest wittert, gräbt er solange, bis er die Jungmäuse als Leckerbissen verzehren kann. Wenn man im Herbst Igel sieht, ist es gut, sie zu wiegen. Stellt man fest, dass einer nicht mindestens 800 bis 1000 Gramm wiegt, kann man damit rechnen, dass er den Winter nicht überstehen kann, da ihm zu wenig Reservestoffe zur Verfügung stehen. Man muss ihm dann ein geeignetes Winterquartier verschaffen.

Es gibt inzwischen viele Menschen, die sich des Igels besonders annehmen. So lernte ich vor einigen Jahren das Ehepaar Wolf aus Hamburg kennen. Sie haben im Jahr 1979 ein Büchlein über den Igel veröffentlicht, in dem sie ihre langjährigen Erfahrungen niedergeschrieben haben.

Das Ehepaar Ursula und Ernst Wolf aus Hamburg brachte 24 Igel ins Paradies.

Ich selbst habe dem Igel in meinem Gelände zwei spezielle Igelunterschlupfe gebaut, die im Übrigen Vielzweckhäuser sind. Ein solches ist zwei mal zwei Meter groß, etwa eineinhalb Meter hoch. Seine Außenwände bestehen aus Maschendraht, der jedoch erst in 20 Zentimeter über dem Erdboden angebracht ist. Im Inneren des Hauses ist unten eine Schicht Stroh von etwa 50 Zentimeter Höhe eingefüllt. Hier kann der Igel unterschlüpfen und findet ein warmes Quartier.

Über dem Stroh oder Heu folgt eine hohe Lage von Ästen und Zweigen aller Art und Stärke, die vielen Vogelarten als Nistplatz dient. Wegen der Vögel darf der Draht nicht zu engmaschig sein (mindestens sechs mal sechs Zentimeter).

Zwischen Zweigen und Dach bleibt noch etwa 50 Zentimeter freier Raum. Das Dach ist abgeschrägt und bekommt an der niedrigen Seite eine Dachrinne. Das aufgefangene Regenwasser fließt in eine an der einen Seite angebrachte Tränke. Nicht nur die Igel, auch Kröten, Eidechsen, Blindschleichen, Vögel und Insekten können hier ständig ihren Durst stillen. Es ist notwendig, in einem größeren Betrieb mehrere solcher Anlagen zu erstellen. In größeren Tränken müssen auch Steine liegen, die als „Rettungsinseln" dienen können, wenn Tiere nicht mehr aus dem Wasser herauskommen.

Ein solches Vielzweckhaus gewinnt dadurch noch an ganz besonderer Bedeutung, weil es im Winter als Vogelfutterhaus geradezu ideal ist. Auf die Zweige kann man große Mengen von Rindertalg auslegen, unter das Dach kann man gekaufte oder selbst gefertigte Meisenknödel aufhängen und anderes mehr. Durch den Maschendraht haben Tiere, die den Vögeln gefährlich werden könnten, keinen Zugang.

Ein solches „Vielzweckhaus" dient nicht nur dem Igel als Unterschlupf. Die kleine Tränke bekommt Wasser aus der Regenrinne.

Für Fledermäuse habe ich Nistkästen aufgehängt. Viele Jahre lang waren sie inzwischen unbenutzt, doch zu unserer Freude ist im letzten Jahr wieder ein Tier bei uns gesehen worden. Durch den starken Einsatz von Insektiziden war die Fledermaus fast überall verschwunden.

Iltis, großes und kleines Mauswiesel, Kröten, Eidechsen und andere Tiere sind bei mir zu Hause und finden in Gebüschen und Holzstapeln genügend Unterschlupf.

Wühlmäuse, die ja oft großen Schaden anrichten können, wurden in früheren Jahren durch meine Hunde weitgehend bekämpft. Inzwischen haben wir ausgedehnteren Gemüsebau und auch keine Hunde mehr, sodass wir auf andere Abhilfe sinnen müssen. Wir versuchen, sie durch Anpflanzen von viel-Knoblauch zu vertreiben, was bei uns den meisten Erfolg brachte, ebenso durch Holunderjauche, die wir in die Gänge gießen. Wenn der Schaden zu groß wird, muss man schließlich doch zur Falle greifen, wenn auch nur ungern.

Die Bedeutung des Regenwurmes

Es gibt auf der ganzen Welt kein Tier, das eine größere Bedeutung für die Gesundung des Bodens, der Pflanzen, Tiere und Menschen hat als der Regenwurm.

Der Regenwurm ist ein Zwitter, das heißt er ist männlich und weiblich in einer Person, muss sich jedoch zur Fortpflanzung paaren. Dies kann man in den frühen Morgenstunden fast in jedem gesunden Garten beobachten. Beim geringsten Geräusch jedoch verschwindet er dann im Boden. Er vermehrt sich

Den Tennessee-Wiggler ließ ich mir vor 30 Jahren aus den Vereinigten Staaten von Amerika per Luftpost kommen.

um das 600-fache im Jahr und hat in der Gefangenschaft, geschützt vor seinen natürlichen Feinden, eine lange Lebensdauer. In der Natur hat er viele Feinde, so zum Beispiel Vögel, Igel, Maulwurf, Spitzmaus und andere.

Der Regenwurm hat von Gott ganz besondere Aufgaben bekommen. Nicht nur, dass er totes organisches Material in den Boden bringt und es dort in Humus verwandelt; durch seine zahlreichen Kanäle und Gänge, die er mit einer besonderen Schleimabsonderung haltbar macht, durchlüftet er den Boden, sorgt für seine wasserhaltende Kraft und erleichtert Pflanzenwurzeln das Eindringen. Der Regenwurm ist das Tier, das den Spaten im Garten ersetzt. Daher darf der Gärtner den Spaten nur noch dann gebrauchen, wenn er einen Baum oder Strauch pflanzt oder einen Graben auswerfen will. Sonst hat der Spaten im Garten nichts zu suchen. Einmal töte ich beim Umspaten Hunderte von Regenwürmern, zum Zweiten bringe ich das natürliche Gefüge des Bodens in Unordnung: ich werfe die sauerstoffliebenden Bakterien nach unten, hole die sauerstofffliehenden nach oben. Beide müssen Schaden leiden. Das Werk des Regenwurms, die Kanalisierung des Bodens, zerstöre ich. Schade um die Zeit und Arbeit, die der Gärtner in sinnloser Weise aufwendet!

Weiteren Nutzen schafft uns der Regenwurm: durch die Verdauung und Verarbeitung von totem organischem, vermischt mit mineralischem Material liefert er uns den wertvollsten Dünger für unsere Kulturen, den sogenannten Ton-Humus-Komplex. Bei einem gesunden Regenwurmbesatz werden von ihm im Jahr pro Hektar bis zu 200 Doppelzentner wertvollsten Dünger erzeugt, abgesehen von seinem anderen Nutzen. So bekämpft er sogar Pilzkrankheiten, wie zum Beispiel Mehltau und Schorf. Dadurch, dass er die mit dem Pilzmycel überzogenen Blätter in den Boden zieht und verarbeitet, verhindert er die weitere Verbreitung der Sporen.

Wie schützen und fördern wir nun das Leben dieses wertvollen Helfers? Als erstes geschieht das dadurch, dass wir den Boden ständig mit organischem Material bedeckt halten. Dadurch kann sich der Regenwurm ungestört in den obersten, durch die Bedeckung feucht und schattig gehaltenen Schichten des Bodens aufhalten, ohne von Vögeln gefressen zu werden und ohne auszutrocknen. Zweitens dadurch, dass wir dem Boden niemals salzhaltige Düngemittel zuführen. Gerade dadurch wird nicht nur dem Regenwurm, sondern auch Tausenden von anderen Bodenbewohnern ungeheurer Schaden zugefügt. Von dieser Tatsache kann sich jeder dadurch selbst überzeugen, dass er

Regenwurm-Schaukasten mit verdautem und verarbeitetem Material.

einmal einen Regenwurm mit einer Prise Kalkstickstoff oder Natronsalpeter oder Kalisalz überstreut. Den Anblick dieses grausamen Sterbens wird er niemals vergessen. Ich selber habe dies Experiment als Landwirtschaftslehrer während eines Unterrichts an einer Schnecke durchgeführt. Dieser Anblick ist mir bis heute in schrecklicher Erinnerung geblieben. Wie oft erleben wir es heute noch, dass Tausende von Regenwürmern versuchen, fluchtartig ein Feld zu verlassen, das man soeben mit einem salzhaltigen Düngemittel bestreut hat. Bei geringsten Niederschlagsmengen löst sich das Salz auf, dadurch entsteht eine salzhaltige Flüssigkeit, die den Regenwurm verätzt. An sich selbst kann man diese ätzende Wirkung erfahren, wenn man an einer kleinen Wunde mit der geringsten Menge Salz in Berührung kommt.

Wertvollster Humus in kurzer Zeit durch intensive Regenwurmhaltung

Nachdem ich die Regenwurmzucht in verschiedensten Becken und Behältern jahrelang durchgeführt hatte, kam ich erst nach 30 Jahren auf den Gedanken, einen „Regenwurm-Wanderkasten“ zu konstruieren. Einen solchen Kasten, wie ich ihn im Folgenden beschreiben werde, kann sich jeder in zwei Tagen selbst herstellen. Für einen Kleingarten von 250 Quadratmeter aufwärts genügt ein Kasten von eineinhalb Mal eineinhalb Meter. Zunächst besorgt man sich das notwendige Baumaterial, bestehend aus: 12 Beton- oder Basalitplatten von 50 mal 50 Zentimeter Größe, U-Eisen in Länge der Oberkanten etwa (gut sechs Meter), die man sich passend schneiden muss, ferner etwa 120 normale Ziegelsteine, 35 Lochsteine, fünf Zentimeter breit. Für den Deckel einen Lattenrahmen eineinhalb mal dreiviertel Meter und ein Stück entsprechender Größe von engmaschigem Draht.

Und so wird der Kasten angelegt:

Man wirft eine Grube aus, möglichst in der Nähe des Hauses und schattig gelegen, von 1,55 mal 1,55 Meter, 40 Zentimeter tief.

Am äußeren Rand wird fünf Zentimeter breit etwas tiefer ausgehoben, damit die Platten fest stehen. Wenn man die Platten aufgestellt hat, werden sie oben sofort mit den U-Eisen fest verbunden. Nun wird der Boden noch ein wenig

So sieht der fertige Regenwurm-„Wanderkasten“ aus.

ausgehoben und mit den Ziegelsteinen dicht an dicht ausgelegt. Die Ziegelsteine dürfen aber keinesfalls mit Zement verbunden werden, es muss vielmehr ein Abstand von etwa ein Zentimeter bleiben; zwar soll der Maulwurf am Eindringen von unten in den Kasten abgehalten werden, das Regenwasser muss jedoch ungehindert abfließen können. Nun wird das Becken in der Mitte geteilt durch eine Mauer aus den quergestellten Blocksteinen, wie es die Abbildung zeigt. Der Haltbarkeit wegen wird diese Mauer zementiert. Nun ist der Kasten fertig, und man kann beginnen, in die eine Hälfte alle organischen Abfälle aus Küche, Haus und Garten zu bringen. Wichtig ist hierbei, das Gartenmaterial ein wenig zu zerkleinern. Nach einigen Tagen, nachdem die erste Hitze, die durch die Tätigkeit von Millionen Bakterien entsteht, etwas abgeklungen ist, können Regenwürmer eingesetzt werden. Es gibt in Deutschland heute genügend Regenwurmfarmen, wo man sie per 100 Stück erstehen kann. Abgedeckt wird diese Hälfte des Kastens nun mit dem Deckel aus Maschendraht, um Vögel (Amseln, Stare), Igel u. a. fernzuhalten. Wichtig ist, dass das eingefüllte organische Material jedes Mal mit einer Handvoll Lavamehl bestreut wird. Nicht nur, dass dadurch der Geruch gebunden wird; ich reichere auch den Kompost mit wertvollen Spurennährstoffen an. Sehr dankbar sind die Regenwürmer für eine gelegentliche Gabe von Kaffeesatz, Zwiebelabfällen und kleingerissener Wellpappe. Um die Vermehrung der Würmer anzuregen, ist es wertvoll, alle acht bis 14 Tage in etwas Regenwasser angerührten Baldrianblütensaft darüber zu gießen.

Wenn man nun feststellt, dass nach einigen Wochen alle Abfälle in eine dunkle, erdige Masse verwandelt worden sind, ist es an der Zeit, die zweite Hälfte des Wanderkastens in Betrieb zu nehmen. Das machen wir so: die oberste Schicht der ersten Hälfte nehmen wir ab und werfen sie in die zweite, noch leere Hälfte. Nun werden auch die Abfälle laufend in diese Hälfte gebracht. Sobald man nun den Regenwürmern im ersten Kasten kein frisches organisches Material mehr zuführt, hat man sie „arbeitslos" gemacht. Ihr Instinkt sagt ihnen alsbald, dass sie durch die Löcher der Zwischenwand frisches Material im Nebenraum erreichen können. Sie verlassen also die erste Hälfte und wandern hinüber. Hat man nun mit Hilfe der Grabegabel festgestellt, dass der größte Teil der Würmer in die benachbarte Kastenhälfte ausgewandert ist, kann man die wundervolle Komposterde entnehmen und zu allen möglichen Zwecken – Frühbeetkasten, Blumenkästen, Bodenbedeckung etc. – verwenden. Gebraucht man sie zur Bodenabdeckung, dann ist es wichtig, sie sofort flach einzuharken. In dem geschützten Kasten kann sich der Regenwurm stark vermehren, und die Umsetzung des Materials in Humus geht in immer kürzerer Zeit vonstatten.

Ein wilder Boden wird in einem Jahr zum Gartenland

Wie machen wir das? Bisher war es üblich, ein solches Stück neu übernommenes Ödland umzupflügen oder ganz tief mit dem Spaten erst einmal umzuwerfen. Das ist nicht nur mit erheblichem Kraft- und Zeitaufwand verbunden, sondern es zerstört auch völlig den natürlichen Aufbau des bewachsenen Bodens. Unter einem Dauerbewuchs hat sich im Lauf der Jahre eine Schichtung von oben nach unten entwickelt, die durch Umwerfen ganz in Unordnung gebracht würde. Darüber hinaus würde die ganze Arbeit des Regenwurmes, seine unzähligen Gänge und Kanäle, vernichtet. Deshalb ist es ratsam, einen ganz anderen Weg zu beschreiten. Je nach Größe des Stück Landes hebt man entweder mit einer scharfen Hacke die obersten drei bis fünf Zentimeter ab oder schält mit Hilfe eines Pfluges nur ganz flach ab. Das Abgehackte oder Abgeschälte kann nun herunter geharkt und zu Kompost aufgesetzt werden. Die Fläche selbst wird flach kultiviert und es kann sofort eine Einsaat erfolgen. Von Mai an bis August kann man das Erbsen-Bohnen-Wickgemenge nehmen, das nach der Aussaat eingeharkt wird und bald das Feld begrünt. Für 100 Quadratmeter benötigt man 1.000 bis 1.200 Gramm Saatgut. Durch die verschiedenen Wurzeltiefen dieses Leguminosengemisches wird der Boden gut aufgeschlossen und gleichzeitig mit Stickstoff angereichert. Im Winter friert der Bewuchs ab und bleibt liegen.

Wenn uns bis zum Winter nicht so viel Zeit zur Verfügung steht, also etwa ab September, kann man noch den rasch keimenden und schnell wachsenden „Hohenheimer Gelbsenf" breitwürfig aussäen, der zweckmäßigerweise ebenfalls eingeharkt wird. Er begrünt die Fläche noch vollständig bis zum Frosteintritt. Für 100 Quadratmeter benötigt man 200 Gramm Gelbsenf. Bei beiden Grüneinsaaten ist wichtig, dass sie im Winter abfrieren und ihre abgefrorene Stängel- und Blattmasse den Boden vollständig bedeckt. Unter dem dichten, grünen Bewuchs war eine Schattengare entstanden, die ein reiches Bodenleben begünstigt hatte. Die Bedeckung im Winter verhindert Austrocknen und sorgt für eine ausgeglichenere Temperatur. Das Milliardenheer der Bodenlebewesen – Algen, Bakterien, Regenwürmer und viele andere – kann sich unter dem Schutz der Abdeckung weiter vermehren und arbeiten. Durch das Werden und Vergehen der Bodenlebewesen wird der Boden angereichert und man findet im Frühjahr ein fruchtbares Land vor, das nun bestellt werden kann. Das abgefrorene Pflanzenmaterial wird abgeharkt, es wird kultiviert und nun kann man säen oder pflanzen. Wenn man pflanzt, kann das Abgeharkte als erste Bodenbedeckung dienen. Aussaatreihen bleiben natürlich solange unbedeckt, bis die Saat sichtbar wird.

Nun gibt es noch eine Pflanze, die hervorragend geeignet ist, einen solchen Boden zu Gartenland zu machen und von der man sogar schon im ersten Jahr etwas ernten kann: den Neuseeländer Spinat *(Tetragonia expansa)*. Die Pflanzen muss man in Töpfchen vorziehen und man kann sie erst nach Mitte Mai auspflanzen. Eine einzige Pflanze nimmt im Lauf des Sommers eine Fläche von einem Quadratmeter ein. Da wir aber das neue Land besonders dicht begrünen wollen, pflanzen wir auf 50 mal 50 Zentimeter. Solange die Pflänzchen noch klein sind, wird der Zwischenraum möglichst abgedeckt, am besten mit abgelagertem Rinderdünger. Wir benötigen bei so enger Pflanzung für 100 Quadratmeter 400 Pflanzen. Den ganzen Sommer über kann man laufend Spinat ernten – geerntet wird immer die obere Triebspitze von etwa acht bis zehn Zentimeter – und die Pflanze bildet laufend neue Seitentriebe. Bei etwa minus drei Grad Celsius friert der Spinat ab und hinterlässt eine dicke Schutzdecke durch die vielen im Lauf des Sommers gebildeten Stängel und Blätter. Der Boden ist dann darunter so locker geworden, dass man ihn im Frühjahr mit der Hand bearbeiten könnte. Wir können auf diese Weise ohne Umspaten oder Umpflügen in einem Jahr aus einem wilden Stück Land ein Gartenland machen.

Bearbeitung des Bodens im „Paradies"

In meiner Obstanlage ist der Boden nach dem Pflanzen der Bäume niemals mehr bearbeitet worden. Lediglich wenn ich einmal eine Einsaat von Leguminosen vornehmen will, wird der dafür vorgesehene Streifen mit der Egge aufgerissen. Ansonsten ist der Boden ständig bewachsen, wie wir es in der freien Natur überall sehen.

Auch das Gartenland ist den Winter über grundsätzlich entweder bewachsen – mit Winterroggen, Winterraps, Klee oder anderem – oder abgedeckt mit den verschiedensten Materialien. Teils sind sie abgedeckt mit abgefrorener Gründüngung oder mit eigens dazu aufgebrachtem Material: Stalldünger in dünner Schicht, Stroh, Grasschnitt, Laub und anderes. Auf keinen Fall darf der Boden nackend liegen bleiben, denn das Bodenleben würde sonst Schaden erleiden. Unter einer Abdeckung kann ja der Regenwurm den ganzen Winter über arbeiten, höchstens bei ganz großer Kälte zieht er sich in tiefere Bodenschichten zurück.

Leider sieht man in den meisten Gärten die Beete den Winter über umgespatet daliegen, nackt, Kälte, Wind und Austrocknung preisgegeben. Hier kann im Frühjahr kein reiches Bodenleben da sein, das den Pflanzen Nahrung aus der Luft und organischen Resten verfügbar macht. In solchen Böden muss dann mit wasserlöslichen, rasch wirkenden Düngemitteln eine scheinbare Fruchtbarkeit herbeigezwungen werden. Falsch ist es auch, beim tiefen Umspaten im Herbst Stalldünger in die Furche zu spaten. Frisches organisches Material muss unter Sauerstoffzufuhr verarbeitet werden von den Bodenlebewesen, die in den oberen Zentimetern des Bodens leben. Es gehört deshalb nur als Bedeckung auf den Boden oder allenfalls in die oberste Schicht. In tieferen Schichten würde nur Fäulnis entstehen und damit Hemmstoffe für das Wachstum unserer Kulturpflanzen. Das muss auf jeden Fall vermieden werden.

Bodenfruchtbarkeit auf Dauer und damit gesunde, widerstandsfähige Pflanzen erreichen wir nur durch die Pflege und Erhaltung eines reichen, vielfältigen Bodenlebens. Das bedeutet, dass wir auf alle salzhaltigen Düngemittel und auf jeden Einsatz von Giften aller Art verzichten müssen, weil wir damit ja die Grundlagen der Bodengesundheit zerstören.

Versuche mit Lavamehl und Lavagranulat

Um meine Böden mit den notwendigen Mineralstoffen zu versorgen, habe ich viele Jahre lang mit Basaltmehl gearbeitet, das ich günstig in meiner Nähe bekommen konnte. Auch mit gemahlenen Muschelschalen, die mir ein Großhändler verschaffte, wurde der Boden angereichert. Sogar mit den Steinen, wie ich sie zu Tausenden über zwei Jahrzehnte lang aus meinem Boden entfernen musste, habe ich Versuche angestellt. Ich verwendete sie zur „Dauerdüngung", indem ich an einem Walnussbaum und an einem Holunderstrauch den Boden in einem Umkreis von drei bis vier Metern dicht mit Steinen belegte. Unter dieser Bodenabdeckung mit Steinen siedelte sich ein reichhaltiges Bodenleben an – Käfer, Würmer, Asseln u.v.a. – und beide Bäume gedeihen prächtig, ohne jemals seit 25 Jahren gedüngt worden zu sein.

Seit drei Jahren verwende ich als Bodenverbesserungsmittel das Lavamehl, ein staubfeines Gesteinsmehl, das ganz in meiner Nähe in der Vulkaneifel gewonnen wird. Dieses Lavamehl, auch „Eifelgold" genannt, hat eine Korngröße von 0,05 Millimeter und ist in meinem Betrieb vielseitig verwendbar.

Schwarze Läuse an Dicken Bohnen werden mit Lavamehl bestäubt.

Nach meinen Feststellungen und Versuchen erhöht dieses Gesteinsmehl die wasserhaltende Kraft des Bodens – das Mehl bindet bis zu 28 Prozent Wasser –und wird von dem Regenwurm zusammen mit organischem Material aufgenommen und es wird so der Ton-Humus-Komplex gebildet. Aufgrund seiner Zusammensetzung führt Lavamehl dem Boden wichtige Mineralstoffe zu.

Vergleichsanalyse:

Inhaltsstoffe		Eifelgold %	Nilschlamm %
Siliciumdioxid	SiO_2	35 – 45	48,50
Aluminiumoxid	Al_2O_3	11 – 14	19,35
Calciumoxid	CaO	11 – 17	3,31
Eisenoxid	Fe_2O_3	10 – 12	10,47
Magnesiumoxid	MgO	6 – 16	2,95
Kohlenstoffdioxid	CO_2	1	1,04
Titandioxid	TiO_2	2 – 4	2,46
Phosphorpentoxid	P_2O_5	0,5 – 1,5	–
Schwefeltrioxid	SO_3	0,4	–
Chlor	Cl	01	–
Kaliumoxid	K_2O	4	0,92
Natriumoxid	Na_2O	4	0,81
Chem. geb. Wasser	H_2O	3	–
Chrom	Cr	ca. 115 mg/kg	
Kupfer	Cu	ca. 65 mg/kg	
Nickel	Ni	ca. 51 mg/kg	
Blei	Pb	ca. 15 mg/kg	
Zink	Zn	ca. 90 mg/kg	
Bor	B	ca. 12 mg/kg	

Die Regenwurmbecken werden wegen dieser wichtigen Mineralstoffe bei mir laufend mit Lavamehl überstreut. Wie schon im Kapitel über meine Hühnerhaltung erwähnt, werden der Hühnerstall sowie der Auslauf regelmäßig damit versehen. Auf diese Weise wird jede starke Geruchsbelästigung vermieden und der Dünger bleibt trockener. Ich erhalte dann, zusammen mit den Exkrementen der Tiere, dem Lavamehl sowie den Resten der Grünfütterung, einen hervorragenden, wertvollen Dünger, reich an wichtigen Stoffen für die Ernährung und Gesunderhaltung unserer Kulturpflanzen.

Wegen seiner staubfeinen Beschaffenheit findet das Lavamehl bei uns noch andere Verwendung. In meinen Hühnerausläufen habe ich „Badeanstalten" errichtet, die mit Lavamehl gefüllt sind und von denen die Hühner regen Gebrauch machen. Die Staubbäder haben eine Größe von ein bzw. eineinhalb Quadratmetern und sind 30 Zentimeter hoch. Sie werden wöchentlich mit mehreren Zentnern Lavamehl gefüllt. Kaum waren diese „Badeanstalten" errichtet – früher bekamen die Hühner zum Baden Asche an einen bestimmten Platz geschüttet – da wurden sie auch schon von den Tieren angenommen. Sie scharren sich den feinen Staub in ihre Gefieder. Die Poren der Parasiten – Läuse, Flöhe oder andere Insekten – werden verstopft und die Tiere gehen ein. Nach dem Verlassen des Bades schütteln sich die Hühner und mit dem Staub

Mit einem einfachen Stäubegerät wird das Lavamehl direkt auf die Läuse gestäubt.

schütteln sie auch die lästigen Insekten ab. Gleichzeitig besorgen die Hühner auf diese Weise selbst das Überstreuen des Auslaufes mit Lavamehl.

Aufgrund der Erfahrungen mit den Hühnern verwenden wir Lavamehl auch zur Insektenbekämpfung im Obstbau und Gemüsegarten. „Schädlinge“ oder Krankheiten befallen die Pflanzen immer dann, wenn der Boden nicht hundertprozentig in Ordnung ist. Sei es, dass dem Boden wichtige Stoffe fehlen oder auch, wie es oft als Ursache vorkommt, dass durch Überdüngung die Ernährung nicht ausgewogen ist. Die Pflanzen sind dann nicht widerstandsfähig. Auch besonders ungünstige Witterung – zum Beispiel extreme Trockenheit über längeren Zeitraum – kann einmal zu Befall führen. Sollten wir also einmal mit Läusen, Raupen oder ähnlichem zu tun haben, so können wir uns durch Bestäuben mit Lavamehl helfen. Mit einfachen Stäubegeräten, wie sie im Handel erhältlich sind – auch eine alte Motten- oder „Flit“-Spritze tut den Dienst – wird direkt auf die Insekten gestäubt. Wenn man nach einiger Zeit den Staub abschüttelt, findet man die Pflanze vom „Schädling“ befreit. Wir haben, da wir ohne Gift gearbeitet haben, keinen Schaden angerichtet, im Gegenteil. Der nächste Regen wäscht das Lavamehl von den Blättern ab und so wird es dem Boden zugeführt. Auch im Obst-, Kartoffel- und Weinbau kann man mit Erfolg gegen Mehltau oder andere pilzliche Erkrankungen ein- oder mehrmals bestäuben. Dadurch, dass das Lavamehl durch den Regen dem Boden und damit über die Wurzeln den Pflanzen wieder zugeführt wird, erhöhen wir durch den hohen Kieselsäuregehalt auf die Dauer die Widerstandsfähigkeit der Pflanzen gegen pilzlichen oder tierischen Befall.

Lavagrus bzw. -granulat

Neben dem Lavamehl verwenden wir seit zwei Jahren auch Lavasteinchen (Grus oder Granulat) in verschiedenen Körnungen, bis zu 11 Millimetern. Schwere Ton- und Lehmböden kann man durch das Einbringen der porösen Lavasteinchen auflockern, ihre Durchlässigkeit und wasserhaltende Kraft erhöhen. Dadurch finden die Kulturpflanzen bessere Wachstumsbedingungen. Hinzu kommt noch etwas sehr Wichtiges: da die Lavasteine porös sind, haben sie nicht nur die Fähigkeit, Wasser zu speichern – nach unseren Versuchen 24 bis 28 Prozent, sondern auch die am Tage aufgenommene Sonnen- oder Luftwärme wird über einen längeren Zeitraum gespeichert. Wir haben durch exakte Messungen mit Bodenthermometern feststellen können, dass bei Vergleichsparzellen bei gleicher Bodentemperatur abends um 19:00 Uhr unter der Abdeckung von drei bis fünf Zentimeter Lavagrus am Morgen um 7:00 Uhr die Temperatur immer fünf Grad Celsius höher war als im unbedeckten Boden, aber auch drei bis fünf Grad Celsius höher als unter anderer Abdeckung (Stroh und Sägespäne). Der Versuch wurde über mehrere Wochen im September-Oktober 1979 bei Erdbeeren durchgeführt. Im Jahre 1980 habe ich bei Wein unter Lavagrusabdeckung die Ernte früher vornehmen können. Diese Versuchsergebnisse führen zu der Überlegung, ob man den schädlichen Einfluss von Früh- bzw. Spätfrösten durch eine dicke Lavagrusbedeckung bei empfindlichen Kulturen nicht nur mildern, sondern sogar ganz verhindern kann.

In Vergleichsparzellen wird die Erdtemperatur unter einer Abdeckung mit Lavagranulat gemessen.

Im kommenden Jahr werden bei uns Versuche gemacht, die temperaturausgleichende Wirkung der Lavasteine bei frühen Pfirsichen auszunutzen, die ja oft den späten Frösten zum Opfer fallen, sowie bei Tomaten, Paprika und Artischocken.

Für die ausreichende Abdeckung einer Fläche von 100 Quadratmetern Land benötigt man etwa 50 Zentner Lavagrus mittlerer Körnung. Durch Verwitterung und den Einfluss von Wurzelsäuren werden im Lauf von Jahren die Steinchen zu Erde. Viele meiner Kunden, die einmal einen Urlaub auf der Insel Lanzarote verbracht haben, berichten mir von der großen Fruchtbarkeit der dortigen Lavaböden. Mit großen Mengen von Lava sind dort die Böden bedeckt, auf denen Wein und Gemüse von besonderer Üppigkeit wachsen.

Verwendung von Kräuterjauchen und -tees

Durch den Anbau von verschiedenen wertvollen Kräutern wie Comfrey, Wermut, Rainfarn, Brennnesseln, Knoblauch, Meerrettich und andere ist man in der Lage, sich die besten Pflanzenjauchen und -tees herzustellen. Die Jauchen verwenden wir sowohl zur Pflanzenpflege wie auch als teilweise Düngung. Für die einzelnen Jauchen benötigen wir eine ausreichende Menge von Gefäßen aus Holz, Plastik oder auch Ton. Die Gefäße werden mit dem entsprechenden Pflanzenmaterial bis etwa zur Hälfte gefüllt, dann füllt man mit Wasser, am besten natürlich mit Regenwasser, auf. Je nach Außentemperatur setzt bereits nach ein bis zwei Tagen die Gärung ein. Wichtig ist es, täglich umzurühren, damit der notwendige Sauerstoff in die Brühe gebracht wird. Der beim Umrühren wahrnehmbare, oft starke Geruch kann durch Einrühren von Lavamehl gemildert werden. Brennnesselbrühe ist bereits nach 24 Stunden zur Bekämpfung von Läusen verwendbar. Auch die Möhrenfliege kann durch zwei- bis dreimaliges Überbrausen mit Brennnesselbrühe in Abständen von acht bis zehn Tagen ferngehalten werden. Brennnessel und Comfrey zusammen ergeben eine gute Jauche zum Düngen aller Kulturen. Eine Jauche von Comfrey ist besonders für Tomaten zu empfehlen.

Die Brennnessel

Von Anfang an habe ich in meinem Betrieb der Brennnessel die größte Aufmerksamkeit geschenkt, und zwar aus dem einfachen Grunde, weil diese Pflanze für Menschen, Tiere und den Boden von allergrößter Bedeutung ist. Es handelt sich dabei um die Große Brennnessel *(Urtica dioica)*, die bei mir gelegentlich eine Höhe von 1,80 Meter erreicht. Die Pflanze ist zweihäusig, das heißt also männliche und weibliche Blüten finden sich getrennt auf verschiedenen Pflanzen, im Gegensatz zur Kleinen Brennnessel *(Urtica urens)*, die einhäusig ist, d.h. männliche und weibliche Blüten stehen getrennt, aber auf einer Pflanze. Man kann sie genauso verwenden wie die Große Brennnessel.

Die Brennnessel, eine wichtige Pflanze für Mensch und Tier.

Wer einmal mit der Brennnesseljauche gearbeitet hat, wird sie immer wieder verwenden. Ihr Reichtum an Mineralstoffen, an Kali, Kieselsäure und Stickstoff u. a. macht sie zu einer so wertvollen Pflanze. Wir können die Jauche als Düngung für alle Kulturen verwenden in einer Verdünnung von eins zu fünf bis eins zu zehn.

Die Praxis zeigt einem bald das richtige Maß für die Anwendung. Eine Zugabe kleingeschnittener Brennnessel verbessert jeden Kompost, und auch zur Bodenbedeckung ist sie außerordentlich wertvoll. Ebenso wichtig ist die Brennnessel für die Gesunderhaltung von Mensch und Tier. Unsere Vorfahren wussten, dass es für die Aufzucht von Küken und Jungtieren nichts Besseres gibt als die Brennnessel. All das ist leider in Vergessenheit geraten. Wie wichtig auch die Brennnessel für die Gesunderhaltung des Menschen ist und wie man sie verwenden kann, ist in vielen Kräuterbüchern nachzulesen.

Comfrey

Eine weitere, sehr wichtige Pflanze, die ich auch schon seit Jahren anbaue und die in keinem Garten fehlen sollte, ist die Comfrey-Pflanze. Sie ist eine nahe Verwandte des bei uns wildwachsenden Beinwell, auch Wallwurz genannt, mit botanischem Namen *Symphytum officinale.* Von dieser werden schon seit Jahrhunderten die Wurzeln zur Bereitung von Salben und Auszügen verwandt. Ich baue nun die Art *Symphytum peregrinum,* also die eigentliche Comfrey-Pflanze an, ebenso wie *Symphytum asperum.*

Eine weitere wichtige Pflanze, die ich schon seit Jahren anbaue, ist der Comfrey.

Von der *Symphytum peregrinum* kann man die Blätter, da sie nicht ganz so stachelig sind, als Salatkraut, zu Spinat und ähnlichem verwenden, natürlich auch zur Teebereitung. Die *S. asperum* verwende ich vorwiegend zur Bodenbedeckung und zur Bereitung der Jauche. Die besten Pflanzzeiten sind die Monate Oktober bis November oder auch März bis April. Man pflanzt sie auf eine Entfernung von 50 mal 50 Zentimeter. Vom zweiten Jahr an kann man die Pflanze fünf bis sechs Mal im Jahr schneiden und gewinnt auf diese Weise große Mengen an Grünmasse. Man kann sie vermehren, indem man den Wurzelstock einer älteren Pflanze in mehrere Teile zerlegt. Wer Näheres über Comfrey erfahren möchte, kann sich Literatur verschaffen.

Wermut

Neben den genannten beiden Pflanzen kommt dem Wermut *(Artemisia absinthium)* ein wichtiger Platz zu. Er ist ebenfalls für den Menschen direkt und im Garten von größter Bedeutung. Dass man ihn neben Obstbäume und Beerensträucher anpflanzen soll, wird noch behandelt; er findet aber auch noch andere Verwendung. Wenn Pflanzen von Läusen befallen sind, stellen wir uns

Der Wermut ist für Mensch und Garten von großer Bedeutung.

einen Wermuttee her, und zwar verwenden wir das ganze Kraut kurz vor dem Aufbrechen der Blüte. Wir übergießen das Kraut mit kochendem Wasser, lassen eine halbe Stunde ziehen und verdünnen dann so, dass etwa 200 bis 300 Gramm Wermut (getrocknet) auf zehn Liter Wasser kommen.

Mit diesem Tee spritzen wir direkt die befallenen Pflanzen. Der starke Bitterstoff vertreibt die Läuse. Bei sehr starkem Befall kann man auch noch zusätzlich ein bis zwei Eimer des Tees an die Wurzel gießen, damit der Bitterstoff auch in die Pflanzensäfte gelangt. In vielen Fällen ist der Erfolg hundertprozentig. Auch den Kohlweißling können wir fernhalten, wenn wir zur Flugzeit den Kohl ein paarmal mit Wermuttee übergießen. Die Pflanzenrückstände von der Teebereitung kann man zwischen die Reihen werfen. Über die große Heilwirkung des Wermuts beim Menschen – bei Übelkeit, Magen- und Darmverstimmung usw. – kann man in Kräuterbüchern nachlesen. Schon allein wegen dieser Heilwirkung sollte jeder wenigstens ein paar Stauden im Garten haben. Beifuß ist in der Wirkung ähnlich, jedoch nicht so intensiv. Der Beifuß sieht auch äußerlich ähnlich aus wie der Wermut, jedoch ist sein Stängel rötlich gefärbt.

Ackerschachtelhalm

Auf feuchten, sauren Böden findet man den Ackerschachtelhalm *(Equisetum arvense)*, der im frischen und auch getrockneten Zustand im Garten Verwendung finden kann. Da er in meinem Gelände niemals vorkommt, muss ich ihn von Kräuterhandlungen beziehen. Für die Bereitung von Schachtelhalmtee – auch hier 200

Meine Erdbeer- und Himbeerkulturen werden im Frühjahr mindestens dreimal mit Schachtelhalmtee gespritzt.

bis 300 Gramm auf zehn Liter Wasser – verwende ich ausschließlich Schachtelhalm-Grobschnitt, niemals das Pulver. Das Pulver lässt sich nicht absieben und verstopft dann die Düsen der Spritze. Wer in seinem Garten Pilzbefall vorbeugen will, sollte mehrmals im Jahr den Tee vor allen Dingen auf den Boden – bis zu siebenmal – ausbringen. Er ist nämlich kein direkter Pilzbekämpfer, sondern durch seinen hohen Kieselsäuregehalt stärkt er derart die Zellwände der Pflanzen, dass dem Pilz das Eindringen verwehrt wird. Vom frischen Kraut muss man etwa die doppelte Menge nehmen zur Teebereitung. Schaden kann damit niemals angerichtet werden – man kann den Tee auch selber trinken. Im Obstbau setzen wir ihn vor allen Dingen zur Vorbeugung gegen Schorf und Monilia ein. Schachtelhalmtee kann, wie noch erwähnt wird, zum Anrühren des Baumanstriches (s. Kapitel Obst) verwendet werden. Auch hier kommt sein hoher Kieselsäuregehalt zur Wirkung. Meine Erdbeer- und Himbeerkulturen werden im Frühjahr mindestens dreimal mit Schachtelhalmtee gespritzt, um der Erdbeer- bzw. Himbeerfäule vorzubeugen.

Zwiebel, Porree, Knoblauch und Meerrettich

Auch Zwiebel, Porree und Knoblauch können zur Pilz- und Insektenbekämpfung mit Erfolg eingesetzt werden. Am besten bereiten wir uns daraus eine Jauche mit Regenwasser, die, je nach Temperatur und Witterung, in acht bis zehn Tagen gebrauchsfertig ist. Durch den Schwefelgehalt der Zwiebelgewächse färbt sich die Jauche braun, ein Zeichen dafür, dass wir sie nun anwenden können. Wir können damit gegen Mehltau an den verschiedensten Kulturen spritzen, je nach Befall muss im Abstand von einigen Tagen mehrmals gespritzt werden. Niemals jedoch spritzen wir – wie auch alle anderen Brühen – in der Mittagssonne! Mit Meerrettichtee, hergestellt aus dem ganzen Kraut, kann die bei 'Schattenmorellen' vorwiegend auftretende Monilia wirksam bekämpft werden. Man spritzt den dreiprozentigen Tee in die offene Blüte.

Die einzelnen Kulturen

Meine Obstbäume:

Auf einem Gelände, das seit Jahrzehnten, vielleicht seit Jahrhunderten, nur Waldbäume getragen hatte, wie das meine, tauchte die Frage auf: „Welche Obstarten und -sorten werden hier gedeihen?" Die erste Orientierung waren für mich zuerst einmal die Obstanlagen, die in der Umgebung für mich am nächsten erreichbar waren. Dann spielte die Lage meines Geländes – starker Südabhang mit Windschutz an drei Seiten – eine Rolle und auch die verschiedenartigen Bodenverhältnisse in meinem Gelände. Zu meiner größten Freude konnte ich im Lauf der Jahre feststellen, dass fast alle Obstarten, vom Weinstock bis zur Aprikose, bei mir gedeihen. Von Anfang war ein Ab-Hof-Verkauf an Privatkunden vorgesehen. Deshalb war es für mich wichtig, ein breites Sortiment nicht nur an Obstarten, sondern auch an Obstsorten zu haben, die verschiedenste Erntezeiten und Haltbarkeit aufwiesen.

Steinobst

Zunächst pflanzte ich fast alle in den gängigen Katalogen angebotenen Pflaumensorten als Halb- oder Hochstamm an. Natürlich achtete ich darauf, die für einzelne Sorten notwendigen Befruchter zwischenzusetzen. So z. B. war es wichtig, bei der Sorte 'Zimmers Frühzwetschge' als Befruchter die 'Königin Viktoria' und bei 'Ruth Gerstetter', einer meiner schmackhaftesten Pflaumen, die Sorte 'The Car' anzupflanzen. Auch 'Magna Glauca', eine Züchtung des Max-Planck-Instituts, hat sich bei mir sehr bewährt. Sie hat nur einen Nachteil: ihr außerordentlich starkes Wachstum und als Folge häufigen Bruch bei gutem Behang. Bei Hauszwetschgen erwiesen sich die großfrüchtigen Sorten für den Verkauf und die Ernte als günstiger. Der Geschmack der Zwetschgen und Pflaumen ist bei uns unterschiedlich innerhalb der gleichen Sorte, je nach Standort in meinem Gelände. Im oberen, steinigeren Teil sind sie viel süßer als im tiefgründigeren Boden. Auch die Sorte 'Anna Späth', eine großfrüchtige

Die kernechten Pfirsiche verlocken zum Hineinbeißen!

Pflaume, kann ich aus meinen Erfahrungen sehr empfehlen. In den Pflaumenalleen sind, der besseren Befruchtung wegen, alle Sorten durcheinander gepflanzt.

Nur wusste ich nicht, was mir auch niemand sagen konnte, auf welcher Unterlage Sauerkirschen am besten gedeihen würden. So hatte ich nur mit dieser Kultur größeren Ausfall, weil die Unterlage nicht Vogelkirsche *(Prunus avium)*, sondern Steinweichsel *(Prunus mahaleb)*, auch Felsenkirsche genannt, war, was sich hier als sehr ungünstig erwies. Inzwischen ist der größte Teil meiner 'Schattenmorellen' ersetzt durch solche, die auf der Vogelkirsche veredelt worden sind. 'Schattenmorellen' lassen sich, ebenso wie Pfirsiche, durch rigorosen Schnitt sehr gut verjüngen. Man kann dadurch stets nicht zu hohe, aber stark tragende Bäume haben. Das erweist sich bei der Ernte als ein nicht zu unterschätzender Vorteil. An Pfirsichen pflanzte ich hauptsächlich die 'Kernechte vom Vorgebirge' an, abgesehen von wenigen Frühsorten, bei denen es ja, je nach Witterung, immer einmal Ausfälle gibt. Gerade bei Pfirsichen und 'Schattenmorellen' hat sich der Anbau von Meerrettich, Kapuzinerkresse, Knoblauch u. a. besonders bewährt. Darüber berichte ich im Kapitel „Kräuter" im Obstbau ausführlich.

Mirabellen, Aprikosen und die Mirakose, eine Kreuzung zwischen 'Königin-Viktoria'-Pflaume und 'Nancy'-Mirabelle, stehen zwischen Apfel- und Birnbäumen. Außer kernechten Pfirsichen gibt es auch kernechte Aprikosen, von denen ich vor Jahren mehrere Bäume großgezogen hatte.

Leider habe ich davon nur einen stehen lassen. Dieser Baum ist ein Prachtexemplar von etwa sieben Meter Höhe und wird von allen Besuchern bewundert.

Eine große Süßkirschen-Allee an der Westseite meines Geländes hat sich als Schutz bestens bewährt und bringt jahraus, jahrein wochenlang madenfreie, wohlschmeckende Kirschen. Einzelne Bäume haben so gewaltige Kronen entwickelt, dass sie eine Grundfläche von bis zu 17 mal 17 Meter einnehmen.

Kernobst

Um das ganze Jahr hindurch meine Kunden, die von nah und fern zu mir kommen, mit den so wertvollen Äpfeln zu versorgen, habe ich auch darin ein breitgefächertes Sortiment. Vom frühen 'Weißen Klarapfel' über 'James Grieve', 'Geheimrat Oldenburg', 'Cox Orangenrenette', 'Goldparmäne', 'Gravensteiner', 'Boskoop', 'Berlepsch', 'Martini' und 'Rheinischer Winterrambur' bis zum 'Ontario' reicht das Angebot. Auch heute seltenere Sorten wie 'Rheinischer Krummstiel', 'Laxtons Superb', 'Zuccalmaglios Renette', 'Kaiser Wilhelm', 'Rheinischer Bohnapfel' und andere habe ich als Busch-, Halb- und Hochstamm in Verbindung mit anderen Obstarten innerhalb der Reihen angebaut. Ich brauchte ja keine Monokulturen anzulegen, weil ich die von der Agrochemie rezeptierten, zu bestimmten Knospenstadien durchzuführenden Spritzungen nicht anwende. So stehen auch meine Birnbäume zwischen den übrigen Obstarten: die früheste, die 'Prinzessin von Lübeck', dann 'Klapps Liebling', 'Gellerts Butterbirne', 'Köstliche von Charneux', 'Gute Luise', 'Williams Christ' und die haltbaren 'Alexander Lukas' und 'Gräfin von Paris'. Wenn der Behang in einem Jahr besonders stark ist, dann ist es ratsam, ein Auslichten durch Ausbrechen der etwa walnussgroßen Früchte vorzunehmen. Dadurch erreichen wir größere Früchte, die sich besser ernten und verkaufen lassen. So nehme ich z. B. seit Jahren bei der Sorte 'Prinzessin von Lübeck' eine starke Ausdünnung vor, indem ich etwa von fünf Birnen vier entferne.

Apfelsorte 'Cox Orangenette' im „Paradies".

Apfelsorte „Rheinischer Krummstiel' im „Paradies".

Dadurch werden die Früchte drei bis viermal so groß wie üblicherweise. Auch wird der Baum durch Verhinderung der Ausbildung allzu vieler Früchte nicht so geschwächt, wie das sonst der Fall ist.

Nicht zu vergessen beim Kernobst ist die herrliche Apfel- und Birnenquitte, die ich ebenfalls bei mir stehen habe.

Haselnüsse, Walnüsse und Kastanien

Haselnüsse in verschiedenen Sorten – unter anderem auch die frühe, rotblättrige Haselnuss, die als Strauch besonders dekorativ ist – wurden in einem Quartier von etwa 350 Quadratmeter zusammen angepflanzt. Bei der Haselnussanlage ist es wichtig, sie in der Richtung von Westen nach Osten anzu-

Die Ernte der Haselnüsse erfolgt, wenn man sie leicht aus der Hülle nehmen kann.

pflanzen und in jeder Reihe zu Anfang eine Wildhaselnuss *(Corylus avellana)* zu setzen, und zwar an der Westseite, denn dadurch ist eine weitaus bessere Bestäubung gewährleistet. Hat man dies versäumt, so kann man blühende Zweige von wilden Haselnüssen an den ersten Strauch binden. Um gute Erträge größerer Nüsse zu bekommen, muss man ein starkes Ausschneiden der Triebe von Zeit zu Zeit vornehmen. Zur Bekämpfung des gefürchteten Haselnussbohrers habe ich vor Jahren das Haselnussquartier eingezäunt, ein kleines Hühnerhaus gebaut und darin Zwerghühner gehalten. Man sagt ihnen nach, dass sie besonders scharfe Augen hätten. In den frühen Morgenstunden suchen sie den Boden nach den Larven ab und fressen sie, bevor es ihnen gelingt, sich zur Verpuppung einzugraben. Auch fressen sie natürlich gern den Käfer, der dann im Frühjahr ausschlüpft, falls eine Larve zur Verpuppung gelangt ist. Damit habe ich guten Erfolg erzielt. Die Ernte der Haselnüsse erfolgt dann, wenn man festgestellt hat, dass sie leicht aus der Hülle genommen werden können. Zum Nachtrocknen und -reifen breite ich sie dann auf dem Speicher flach aus und kann sie nach kurzer Zeit aus der Blatthülle entfernen.

Auch der Walnussbaum gehört in eine vielseitige Obstanlage, sofern die Lage es erlaubt. Ich selbst habe sechs Walnussbäume angepflanzt. An einem von ihnen habe ich einen „Düngungsversuch“ mit den bei mir im Gelände gefundenen Steinen (Konglomeraten) vorgenommen, das heißt ich habe rund um den Baum eine Fläche dicht mit Steinen belegt. Übrigens: Wenn man seinen Sitzplatz im Garten unter einem Walnussbaum hat, ist man immer frei von Mückenplage.

Esskastanien, eine angenehme Abwechslung im winterlichen Speisezettel, habe ich erst im vergangenen Jahr angepflanzt und noch keine Erfahrungen sammeln können.

Weintrauben im „Paradies“

An der Südseite meines Hauses habe ich vor Jahren schon versucht, Wein anzubauen und dies ist mir mit Erfolg gelungen. Von Anfang an habe ich niemals eine Spritzung vorgenommen und ernte jahraus, jahrein herrlich schmeckende Weintrauben, die wir nur als Tafeltraube genießen. Die Nachfrage nach giftfrei herangezogenen Weintrauben ist riesig groß, sodass sich ein grö-

Die Rebsorte 'Weißer Gutedel', die im „Paradies" steht, zählt zu den ältesten Kulturreben.

ßerer Anbau in günstiger Lage lohnen würde. Auch beim Weinbau spielt die Mischkultur eine große Rolle. Ein Weingarten soll einem Blumengarten ähnlich sein. Innerhalb der Reihen habe ich Knoblauchzehen gesteckt, die zur Verhütung von Pilzerkrankungen wesentlich beitragen. Zwischen den Reihen werden im Wechsel angebaut: Ringelblume *(Calendula officinalis)*, Studentenblume *(Tagetes patula)* und Schmetterlingsblütler *(Leguminosen)* verschiedener Arten. Dadurch werden dem Boden Humusmengen durch Wurzelmasse und absterbende einjährige Blumen zugeführt, was das Bodenleben stark anregt. Wichtig ist es, dass Blütenpflanzen im Weingarten stehen, die auch zahlreiche Insekten herbeilocken.

In allen Betrieben, die vom Klima her Wein anbauen können, würde ich die 'Muskateller' empfehlen, eine großbeerige, blaurote Sorte, die nicht nur Jahr für Jahr hohe Erträge bringt, sondern auch neben einem sehr würzigen Geschmack eine große Haltbarkeit aufweist. Man kann sie sogar bis Januar/Februar frisch aufbewahren. Zu diesem Zweck schlägt man sie in Seidenpapier ein und legt sie in einen kühlen Raum.

Galvanisches Element an Weinstöcken

Eines Tages las ich in den „Biotechnischen Nachrichten" („Zs Implosion", Hrsg. v. *Aloys Kokaly*, Neviges) einen Bericht von *Viktor Schauberger* über die Verwendung von Gießwasser zu einzelnen Kulturen, in welchem Kupfer gelegen hatte. Mit solchem Gießwasser goss ein Bauer seine Felder und auf die Frage Schaubergers, was es damit auf sich habe, antwortete er ihm, dass er das in Südrußland gesehen und des guten Erfolges wegen übernommen habe. Schauberger hatte aus dieser Anregung eine Methode entwickelt, die ich sofort in meinem Betrieb in die Tat umsetzte: an Weinstöcken versenkte ich nach seinen Angaben je einen glasierten Tontopf von etwa 20 Zentimeter Durchmesser und 30 Zentimeter Höhe ebenerdig, 20 Zentimeter vom Weinstock entfernt, in den Boden. Ich brachte je ein Kilogramm Kupfer und ein Kilogramm Zink hinein, füllte mit Regenwasser auf und streute etwas Hornknochenmehl hinein. Die Gefäße wurden mit einem Holzlattenrost abgedeckt, damit diffuses Licht hineinfallen konnte. Die Latten der Roste waren mit Kupfernägeln verbunden und standen im Abstand von einem Zentimeter zueinan-

Versuch mit einem Galvanischen Element am Weinstock.

der. Nun wartete ich, was geschehen würde. Ich hatte von vier Weinstöcken, die gleichaltrig und gleich stark waren, zwei mit diesem galvanischen Element versehen, zwei blieben zur Kontrolle ohne dies. Schon nach fünf Wochen war an den beiden Stöcken, die mit dem Element versehen waren, ein so deutlicher Wachstumsvorsprung und auch ein sichtbar üppigerer Zustand festzustellen, der unübersehbar war.

Die Erklärung Schaubergers für dieses Phänomen ist, dass ganz schwache Stromstöße aus dem Topf das verstärkte Wachstum der Pflanzen hervorrufen. Hunderte haben in den darauffolgenden Jahren dieses Experiment gesehen und waren sichtlich beeindruckt; es ist auch von vielen mit Erfolg nachgemacht worden. Mein nächster Plan ist, mit etwas größeren Gefäßen und erhöhter Kupfer- und Zinkmenge den Versuch an Obstbäumen zu wiederholen.

Der Baumanstrich

Zur Pflege des Obstbaumes ist ein Baumanstrich zu empfehlen. Er braucht nicht jährlich zu erfolgen, sollte aber doch alle drei bis vier Jahre erneuert werden. Im Bio-Landhandel gibt es sehr gute Baumanstrichmittel, die für den Kleingärtner und Laien leicht anzuwenden sind. Ich selbst verwende in meinem Betrieb seit einigen Jahren folgenden Anstrich: aus Kaolin, einer Porzellanerde mit hohen Kieselsäureanteil, und Kuhfladen stellte ich mit Hilfe von Regenwasser einen Brei her, den ich mindestens 24 Stunden stehen lasse. Er quillt, sodass ich ihn erneut mit Regenwasser in eine streichfähige Konsistenz bringen muss. Ist das geschehen, füge ich zur besseren Haltbarkeit des Anstrichs auf 100 Liter Streichbrühe etwa zwei bis drei Liter Natronwasserglas hinzu. Mit Drahtbesen oder -bürste wurden inzwischen die Baumstämme abgerieben und von losen Teilen befreit und oberhalb der Wurzel mit einer Hacke der Stamm noch tiefer freigelegt. Dann kann der Anstrich mit Hilfe von breiten Quasten beginnen; das geht rascher, als man denkt. Hat man noch Zeit und auch Brühe übrig, kann man diese mit etwas Schachtelhalmtee verdünnen und in die Krone ausspritzen. Den gleichen Anstrich verwende ich auch für meine Beerensträucher, insbesondere für die Himbeeren, die dann weitgehend von der gefürchteten Rutenkrankheit verschont bleiben. Durch diese Maßnahme erziele ich mancherlei Vorteile: der Stamm wird im Lauf der Jahre

Dieser Obstbaumanstrich haftet mehrere Jahre am Stamm.

ganz glatt, sodass Schadinsekten keinen Platz zum Überwintern finden. Außerdem werden dem Baum über die Rinde Kieselsäure aus dem Kaolin sowie die Bestandteile der Kuhfladen als Düngung zugeführt. Hinzu kommt noch, dass der weiße Anstrich im Frühjahr die Sonneneinstrahlung zurückwirft und somit ein zu frühes Austreiben verhindert. Dadurch kann mancher Frostschaden verhindert werden. Die Baumanstrichmischung kann auch mit Erfolg verwendet werden, um beim Baumschnitt entstandene Wunden zu verstreichen. In diesem Fall sollte der Brei nicht flüssig sein.

Nicht jeder Gärtner hat das Glück, so wie ich, Kaolin ganz in der Nähe erhalten zu können. Er nimmt statt des Kaolins Kalk, muss aber dann zum Aufrühren einen starken Schachtelhalmabsud verwenden, damit der Anstrich den so wichtigen Kieselsäuregehalt hat. Kieselsäure stärkt die Zellwände und schützt so den Baum vor dem Eindringen pilzlicher und anderer Erkrankungen.

So sieht es im gesunden „Obst-Mischwald“ aus.

Gesunderhaltung der Obstanlage durch Kräuteranbau

Was für den Mischwald von großer Bedeutung ist, nämlich der Unterwuchs von verschiedenen Blatt- und Blütenpflanzen, ist genauso übertragbar auf den Obstgarten. Sowohl die freien Streifen in großen Obstanlagen – erreicht durch sogenannte Bandspritzung mit Herbiziden (= pflanzentötenden Mitteln) – wie auch die stets empfohlenen offenen Baumscheiben sind gleichermaßen naturwidrig. In keinem gesunden Mischwald sehen wir auch nur einen halben Quadratmeter unbedeckten bzw. unbewachsenen Bodens. Kein Förster oder Waldpfleger würde erlauben, seinem Wald Laub oder sonstiges Bedeckungsmaterial zu entnehmen. Die erste Voraussetzung für einen gesunden „Mischwald-Obstgarten“ ist die Wahl standortgerechter Sorten und Unterlagen. Wenn diese Voraussetzung erfüllt ist, ist es leicht, nach dem Vorbild des Mischwaldes zu arbeiten. Gewiss muss der Obstbauer in den natürlichen Kreislauf insofern eingreifen, als er ja die Früchte, derentwegen er anbaut, entnimmt. Dieser Eingriff ist unvermeidlich, wenn wir Nahrung für den Menschen erzeugen wollen. Es war mir beim Aufbau des „Paradieses“ von vornherein klar, dass ich diesen Eingriff durch andere, der Natur abgelauschte, Maßnahmen auszugleichen versuchen müsste.

Der Boden meines Geländes war denkbar schlecht und die Humusdecke nur sehr dünn. Näheres über die Bodenverhältnisse ist dargelegt in dem Bericht von Professor *Dr. D. Schröder* am Ende dieses Buches. Zuerst säte ich in den Apfelreihen die Große Brennnessel aus, die sich dann stark vermehrte und die Fruchtbarkeit des Bodens erhöhte. Mehrmals jährlich wurde sie abgemäht, blieb am Platze liegen und lieferte auf diese Weise große Humusmengen. Inzwischen kann ich dort Brennnesseln entnehmen, um sie zu verjauchen, für Hühnerfutter oder zur Teegewinnung zu trocknen und anderes mehr. Alle anderen sogenannten Unkräuter wie wilde Möhre, Gundermann, Taubnessel, Gänsefingerkraut, Giersch, Löwenzahn, Schafgarbe und viele andere, die Wind, Insekten und Vögel bei mir aussäten, sind mir hochwillkommen. Nicht nur, dass sie durch ihre mannigfaltigen Wirkstoffe meinen Boden bereichern und damit gesund halten, sondern durch ihre vielen Blüten locken sie zahlreiche Insekten an – Hummeln, Bienen, Wespen, Schwebfliegen, Schmetterlinge und andere, die alle für die Bestäubung der Obstanlage für mich von großer Bedeutung sind.

Darüber hinaus habe ich immer wieder Aussaaten zwischen den Baumreihen vorgenommen von Kleearten und anderen Leguminosen, damit sie den reichen Stickstoffgehalt der Luft für meine Obstanlage nutzbar machen sollten. Aus dem gleichen Grund habe ich einmal den Versuch gemacht, neben einem Pfirsichbaum eine Grauerle *(Alnus incana)* anzupflanzen, die ebenfalls zu den Stickstoffsammlern gehört. Der Erfolg ist so, dass ich diesen Pfirsichbaum Jahr für Jahr abstützen muss, so reich trägt er!

Vor vielen Jahren machte ich nun folgende Beobachtung: in einer Pfirsichanlage von etwa einem Morgen Größe blieben einzelne Bäume immer frei von Läusen, selbst wenn ringsum stehende Bäume davon befallen waren. Was mochte der Grund sein? Bei näherer Betrachtung stellte sich heraus, dass der einzige feststellbare Unterschied der war, dass diese Bäume vom Rainfarn umwachsen waren, der ansonsten in meiner Plantage kaum vorkam. Da der Standort der gleiche war und auch die Bäume sonst gleich behandelt worden waren, musste dies der Grund für die besondere Widerstandsfähigkeit gegen Läusebefall sein. Sofort pflanzte ich Rainfarn auch an die anderen Pfirsichbäume und der Erfolg trat nach zwei Jahren ein. Nun begann ich gezielt, auch mit anderen Kräutern meinen „Obst-Mischwald“ zu versehen. Zunächst kam die wohlbekannte Kapuzinerkresse dran, die zwar einjährig ist, sich aber durch ihre zahlreichen Samen immer wieder selbst aussät. Ich empfehle hier immer die rankende Kapuzinerkresse, weil sie große Blatt- und Wurzelmassen bildet; sie kann ja ruhig in die Bäume hineinranken. Für sie muss man allerdings eine Baumscheibe freilegen, die sie dann schnell mit ihren Ranken bedeckt.

Beinahe noch intensiver als der Rainfarn ist in der Wirkung Wermut, den ich nicht nur an Obstbäume, sondern auch zwischen Beerensträucher und Rosen pflanze. Letzteres sieht dazu noch sehr gut aus, denn die Wermutstaude mit ihrem pastelligen Grün ist zwischen dunkellaubigen, roten Rosen sehr dekorativ.

Während die vorgenannten Pflanzen durch ihre scharfen bzw. bitteren Stoffe tierische „Schädlinge“ fernhalten, gibt es auch solche, die uns helfen, Pilzerkrankungen vorzubeugen. Hierzu gehört der Meerrettich, der, um Pfirsichbäume gepflanzt, die Kräuselkrankheit fernhält. Auch ‘Schattenmorellen’ bleiben gesund, wenn Meerrettich daneben wächst. Mit ganz geringem Arbeitsaufwand erzielen wir hier großen Erfolg! Einmal stecken wir im Frühjahr einen Meerrettichfechser (das ist ein Stück Wurzel) in den Boden und dann

Kapuzinerkresse, Rainfarn und Meerrettich um einen Pfirsichbaum gepflanzt.

lassen wir die Pflanze dort verwildern. Es ist ganz sicher kein Zufall, dass man in alten Rebhängen häufig verwilderte Meerrettichstauden findet. Unsere Vorfahren wussten mit den natürlichen Hilfs- und Heilmitteln viel besser Bescheid als unsere heutige aufgeklärte Generation.

Sowohl gegen tierischen wie pilzlichen Befall hilft uns der Knoblauch, den wir ebenfalls unter Bäumen, Sträuchern und am Wein verwildern lassen können. Er hat noch den Vorteil, dass Wühlmäuse seinen Geruch nicht mögen und viel Knoblauch sie vertreibt.

Am einfachsten ist es, gleich bei der Neuanlage einer Obstplantage von den genannten Pflanzen: Rainfarn, Wermut, Kapuzinerkresse, Meerrettich und Knoblauch zwei oder drei mit an jeden Baum zu pflanzen, dann hat man Wesentliches für die Gesunderhaltung der Bäume getan. Die Wirksamkeit dieses Kräuteranbaues beim Obst beruht zum großen Teil darauf, dass die scharfen, bitteren oder sonstigen Wirkstoffe mit den absterbenden Pflanzenteilen in den Boden gelangen und so von den Baumwurzeln aufgenommen werden können. Fast immer tritt deshalb ein Erfolg frühestens erst im zweiten Jahr nach der Pflanzung ein.

Meine Himbeeranlage

Die Himbeere, ebenfalls eine Waldfrucht, gedeiht bei mir hervorragend. Zurzeit baue ich mit größtem Erfolg die Sommersorte ‘Pechts Gigant’ an, die einen außerordentlich starken Wuchs und große, wohlschmeckende Früchte hat. Wenn der Himbeeranbau in Deutschland sehr stark zurückgegangen ist, so war dies ausschließlich auf das Auftreten der Himbeerrutenkrankheit zurückzuführen. Dieser Krankheit können wir durch verschiedene Maßnahmen vorbeugen. Die erste Maßnahme heißt möglichst weite Pflanzung, mindestens eineinhalb Meter Reihe von Reihe. Innerhalb der Reihe pflanzt man auf 50 Zentimeter und lässt später höchstens fünf Triebe an jeder Pflanze stehen. Die zweite Maßnahme heißt: ständige, starke Bodenbedeckung und keine schnelllöslichen Dünger (salzhaltige Düngemittel). Als nächstes empfehle ich, nach Entfernung der abgetragenen Ruten die neuen Triebe mit dem gleichen Anstrich zu versehen, der von mir auch als Obstbaumanstrich verwendet wird. Der starke Kieselsäuregehalt stärkt die Zellwände und macht sie widerstands-

Die Himbeere, ebenfalls eine Waldfrucht, gedeiht bei mir hervorragend.

fähig. Die Himbeeren erreichten bei mir in manchen Jahren eine Höhe von über drei Metern, das erwies sich jedoch für die Ernte als nachteilig. Seitdem kürze ich die Triebe auf zwei bis 2,30 Meter. Bei den Himbeeren ist es wichtig, schon vor dem Austrieb und dann während der Blattentwicklung eine Spritzung mit dreiprozentigem Schachtelhalmtee vorzunehmen, am besten in den frühen Morgen- oder Abendstunden. Dadurch erreiche ich gesundes, dunkelgrünes Laub, das durch seine starke Assimilation zu großen Früchten führt.

Auch in meiner Himbeeranlage hängen sowohl Vogelnistkästen als auch Töpfe für den Ohrwurm. Dadurch ernte ich seit Jahren madenfreie Himbeeren. Die Ernte der Himbeeren wird bei mir fast ausschließlich durch meine Kunden selbst vorgenommen. Absatzfragen sind noch nie aufgetaucht! Das Besondere bei meiner Himbeeranlage ist, dass ich seit Jahren alle Abfälle aus dem Garten einfach zwischen die Himbeerreihen werfe, sodass der Boden ständig mit den verschiedensten Materialien bedeckt ist. Hierdurch erreiche ich, außer der Düngewirkung, dass die sich neu bildenden Triebe zwischen den Reihen unterdrückt und damit die innerhalb der Reihe sich bildenden stärker werden. Dies wird von allen Besuchern bewundert! Ich habe in Abständen Rainfarn zwischen meine Himbeeren gepflanzt, was auch zur Gesunderhaltung wesentlich beiträgt.

Johannisbeeren sollte man in mehreren Sorten anbauen, um sie über lange Zeit als Vitamin-C-Spender essen zu können.

Anderes Beerenobst

Der Rainfarn wird mit dem gleichen Erfolg zwischen Johannis- und Stachelbeeren gepflanzt. Bei der Schwarzen Johannisbeere sollte Wermut nicht fehlen. Johannisbeeren und Stachelbeeren werden bei mir als Hoch- und Halbstamm sowie als Busch in verschiedenen, von frühen bis spätesten Sorten angepflanzt. Bei der Johannisbeere ist es deshalb wichtig, mehrere Sorten anzubauen, damit man durch den Frischverzehr dieser besonders vitaminreichen Frucht wochenlang den Vitamin-C-Bedarf decken kann. Nur 100 Gramm täglich, frisch vom Strauch gegessen, genügen hierfür.

Wie man bei Schwarzen Johannisbeeren die Knospenmilbe nachhaltig auf biologische Weise bekämpfen kann, habe ich noch nicht erfahren können. Jedoch habe ich hier Versuche angestellt, über deren Ergebnis im Augenblick

Johannisbeeren sollte man in mehreren Sorten anbauen, um sie über lange Zeit als Vitamin-C-Spender essen zu können.

noch nichts Endgültiges zu sagen ist. Sicher ist, dass auch hier eine Abhilfe auf Dauer nur über den gesunden Boden, der alle notwendigen Spurenelemente bietet, zu erreichen ist.

„Paradiesische" Beerenernte

Beim Anbau von Beeren-Hochstämmchen ist es erforderlich, einen gut imprägnierten Pfahl zu setzen und die Krone oberhalb der Veredelungsstelle anzubinden, weil sonst bei starkem Sturm die Krone an der Veredelungsstelle abreißt. Es gibt im Handel vielfach Pfähle, die mit Karbolineum imprägniert sind. Solche Pfähle verwende ich nicht, weil Karbolineum dem Bodenleben abträglich ist. Es gibt auf dem Markt einige gute, völlig unschädliche Imprägnierungsmittel. Man muss darauf achten, dass ein solches Mittel auch für Bienenkästen zu verwenden ist, dann kann man es auf jeden Fall nehmen.

Erdbeeranlage

Zu den begehrtesten Früchten gehört nach wie vor die Erdbeere. Deshalb habe ich sie auch gleich zu Beginn bei mir angepflanzt. Ich habe das auch deshalb getan, weil mir diese Frucht schon im ersten Jahr Geld einbrachte, worauf

Vorraussetzung einer gesunden Erdbeeranlage ist eine ständige Bodenbedeckung.

ich angewiesen war. Erdbeeren gediehen auf meinem Land, das ja bis dahin Wald gewesen war, ausgezeichnet und brachten stets höchste Erträge. Von den zahlreichen Sorten, die heute im Handel sind, muss jeder Anbauer erproben, welche Sorten für ihn und seine Zwecke am günstigsten sind. So baue ich zur Zeit neben der altbewährten Sorte 'Senga Sengana', die nach wie vor begehrt ist, noch die lange Zeit tragende Sorte 'Ostara' an, die man von Mitte Juni bis Ende Oktober laufend ernten kann. Daneben habe ich noch 'Senga Litessa', 'Hummi® Ferma', 'Gorella' und 'Peltata'. Alle Erdbeeren, die nicht mit schnelllöslichen Düngemitteln getrieben werden, sind nicht nur von hervorragendem Geschmack, sondern auch kaum anfällig gegen Grauschimmel und anderen Erkrankungen.

Voraussetzung einer gesunden Erdbeeranlage ist eine ständige Bodenbedeckung, wie wir es ja im Walde sehen. Bei der Erdbeere im Garten kann diese Abdeckung auch mit Stroh erfolgen; dadurch erntet man saubere Früchte, und der Boden bleibt darunter stets feucht. Auch eine Abdeckung mit Tannennadeln oder Rindenmulch ist günstig. Über eine von mir neu erprobte Abdeckung mit Lavagrus habe ich im Kapitel Lava-Versuche berichtet. Hat man kein Bedeckungsmaterial zur Hand, bietet sich eine Einsaat von Gelbsenf an. Nicht

Studentenblumen (Tagetes patula) *werden zwischen Erdbeeren, Tomaten u. a. zur Abwehr von Wurzelälchen (Nematoden) gepflanzt.*

nur, dass dieser sehr rasch den Boden begrünt und beschattet, er wirkt auch Nematoden abwehrend, ebenso wie die Studentenblume *(Tagetes patula)*, die wir seit Jahren zwischen Erdbeeren pflanzen.

Will man besonders kräftige, gut bewurzelte Jungpflanzen selbst heranziehen, bewährt sich folgende von mir erprobte Methode: zwischen zwei Erdbeerreihen wirft man einen kleinen Graben von etwa 20 Zentimeter Breite und zehn Zentimeter Tiefe aus. Dieser wird nun gefüllt mit bester Komposterde, untermischt mit Lavagrus (Stärke acht bis elf Millimeter). Die Ranken beider Reihen leitet man nun in diesen Streifen. Alsbald wird man feststellen, dass sich an den Ablegern in kürzester Zeit Wurzelmassen bilden, sodass man sie mit starkem Ballen herausnehmen und verpflanzen kann. Beim Herausnehmen habe ich gesehen, dass die Wurzeln sogar in die porösen Lavasteine eingedrungen, ja sogar durch sie hindurchgewachsen waren. Durch die Wurzelsäure lösen sie aus den Lavasteinchen Spurennährstoffe heraus, dadurch sind die Jungpflanzen von besonders starker Gesundheit. Außerdem bekommen sie schon einen Wasservorrat mit, der in den Lavasteinchen gespeichert ist.

Ich habe Ableger der Sorte 'Ostara', die ich auf diese Weise gewonnen hatte, ausgepflanzt und bereits sechs Wochen später Früchte geerntet. Bei der Sorte 'Ostara', die besonders reich blühend ist, empfiehlt es sich, gegebenenfalls Blütenstände auszubrechen, zugunsten größerer Früchte.

Von acht verschiedenen Erdbeersorten, die ich in den letzten Jahren anbaute, hat sich neben der Sorte 'Ostara', die ja bis Ende Oktober trägt, die Sorte 'Peltata' als ganz besonders gut herausgestellt. Diese Sorte hat einen typischen Erdbeergeschmack, lässt sich leicht ernten und ist auch gegen Grauschimmel bei weitem nicht so empfindlich wie manche andere Sorte. Hinzu kommt, dass man sie über einen längeren Zeitraum ernten kann. Bei Probeessen, bei denen die Sorten unbekannt blieben, erwies sich 'Peltata' als die begehrteste und geschmacklich beliebteste.

Wenn man Jungpflanzen auf die von mir beschriebene Art rechtzeitig gewonnen hat, ist man in der Lage, schon Ende Juli, Anfang August kräftige Pflanzen auf das Standbeet zu bringen. Nach meinen Erfahrungen pflanzt man die Erdbeeren am besten auf eine Entfernung von 90 mal 50 Zentimeter, das heißt 90 Zentimeter Reihenabstand, innerhalb der Reihe 50 Zentimeter. Wichtig ist es, den Boden nach dem Auspflanzen sofort abzudecken. Die sehr weiten Abstände kann man noch gut durch Zwischenpflanzungen ausnutzen.

Man kann noch Winterzwiebeln aussäen, Salat pflanzen, Feldsalat oder Spinat einsäen oder Knoblauch stecken. Alle Zwiebelgewächse – Knoblauch, Porree, Schnittlauch, Zwiebeln – tragen besonders zur Gesunderhaltung der Erdbeere bei. Bei einer Anlage, die nicht ganz so zeitig gepflanzt werden konnte, kann man im nächsten Frühjahr eine frühe Erbse auf die Zwischenreihe bringen ('Kleine Rheinländerin', 'Rheinperle' o. ä.), um den weiten Zwischenraum zu nutzen.

Bei Pflanzung erst Ende September, Anfang Oktober kann man, wenn man genügend eigene Pflanzen hat, auch auf 45 mal 25 Zentimeter pflanzen. Man kann im kommenden Jahr dann nach der Ernte jede zweite Reihe und innerhalb der Reihe jede zweite Pflanze heraushauen. Man hat dann den erforderlichen weiten Stand und dennoch im ersten Jahr schon eine gute Ernte.

Meine Hügelbeet-Anlage

Seit sechs Jahren habe ich mich auch mit Hügelbeeten beschäftigt und kann aufgrund meiner Erfahrungen jedem Gartenbesitzer dazu raten. Damit schafft er sich nicht nur eine vergrößerte Anbaufläche – durch die halbkreisförmige

So kann man ein Hügelbeet aus Strohballen anlegen.

Ein fertiges Hügelbeet im „Paradies“ mit verschiedenen Gemüsearten bepflanzt.

Erhöhung bis zu 30 Prozent im Jahr der Neuanlage –, sondern er hat noch manchen anderen Vorteil. Erstens kann er sämtliche anfallende Materialien wie Obstbaum- und Grasschnitt, Stroh, Laub, Pappe, Papier, Säcke, Strünke und vieles andere gut verwenden; zweitens verschafft er sich bei Anlage von wenigstens zwei Hügeln im Abstand von etwa fünf Metern ein hervorragendes Kleinklima und drittens schließlich ist auf dem Hügel eine dichtere Bepflanzung wie auch eine raschere Fruchtfolge möglich, infolge des zügigeren Wachstums. Dieses rasche Wachstum wird hervorgerufen einmal durch die erhöhte Temperatur infolge der Verrottung des Innenmaterials, zum anderen durch verstärkte Bildung von Kohlendioxid, ebenfalls bedingt durch den Verrottungsvorgang und zum dritten durch die optimale Sonneneinstrahlung. Die Hügelbeete werden nämlich von Norden nach Süden angelegt, das heißt von den beiden langen Seiten zeigt eine nach Osten, die andere nach Westen. Von den beiden kleinen „Giebelseiten“ weist eine nach Süden und die andere nach Norden. Es ist interessant zu beobachten, dass an der nach Osten gerichteten Seite das Wachstum besonders rasch und üppig vor sich geht, also die Morgensonne einen günstigen Einfluss auszuüben scheint. Zwischen zwei Hügeln entsteht nun eine ganz windgeschützte Zone, wo auch empfindlicheres Gemüse hervorragend gedeiht. Verstärken kann man diesen Kleinklimaeffekt noch dadurch, dass man an der Windseite der Hügelbeetanlage einen Windschutz anlegt, sei es durch lebende Pflanzen wie Sonnenblumen, Topinambur, Stangenbohnen oder ähnliches, oder durch Stroh- bzw. Schilfmatten. Dann können zwischen den Hügeln exotische Gemüse angebaut werden wie Artischocken, Auberginen, Melonen, Paprika, Zuckermais und anderes.

Wie lege ich nun meine Hügelbeete an? Zuerst werfe ich einen Graben aus von etwa 25 Zentimeter Tiefe und eineinhalb bis zwei Meter Breite. Die Länge richtet sich nach der Größe des Platzes, dem anfallenden Material sowie dem Gemüsebedarf. In jedem Fall muss man sich für die obere Bedeckung der Hügel zusätzlich zur ausgeworfenen Erde noch gute Erde beschaffen, da man sonst keine ausreichende Decke von mindestens 25 Zentimeter bekommt. In den ausgeworfenen Graben schichten wir nun unten hinein zuerst das gröbste Material, also dicke Äste vom Obstbaumschnitt. Am besten bringt man dieses holzige Material vorher auf eine Länge von etwa 50 Zentimeter. So kann man am besten aufschichten und es entstehen nur wenige Hohlräume. Wenn reichlich Erde zur Verfügung steht, kann man ab und zu eine Schaufel Erde dazwischen streuen, um entstandene Hohlräume zu füllen. Es folgt nun feineres Material wie dünnere Zweige, Brombeerranken, Krautstrünke (gesunde!), Topinamburstängel, Tomatenkraut, sodass ein halbrunder Hügel, eher etwas zum Eiförmigen hin, entsteht. Es folgt nun eine Lage Laub, Grasschnitt oder Heu und dann wird mit mindestens 25 Zentimeter guter Erde abgedeckt, die wir noch mit Lavamehl vermischt haben. Wenn zur Verfügung steht, wird in die Laub- bzw. Grasschicht noch Geflügel- oder andere Dünger gemischt und noch zusätzlich Regenwürmer eingesetzt. Nun ist der Hügel pflanz- oder saatfertig.

Vor einigen Jahren konnte ich einmal größere Mengen Stroh umsonst bekommen und legte damit ausschließlich ein Hügelbeet an. Ich warf den Graben aus, wie gewohnt und schichtete als einziges Material Stroh ein, und zwar unten hinein die Strohballen quer, darüber Strohballen in Längsrichtung, füllte mit losem Stroh zu einem Halbrund auf. Ich gab Geflügeldünger darüber und schwemmte ihn mit Wasser ein. Hierüber kam die Erdschicht und ich muss sagen, dass dieser Hügel einer meiner schönsten war, der dazu noch die wenigste Arbeit verursacht hatte. Genauso legte ich im vergangenen Jahr einen Hügel an aus Heu, das durch langen Regen verdorben war. Hierbei ging ich wie folgt vor: ich schichtete das Heu, ohne vorher einen Graben ausgeworfen zu haben, zu einem Hügel von 40 bis 50 Zentimeter Höhe und einem Meter Breite auf, bedeckte mit 25 Zentimeter Erde und bepflanzte sofort. Diese Anlage war am schnellsten fertig und auf dem Hügel gediehen Tomaten, Salate, Sellerie und Rettiche hervorragend!

Die Hügelbeete werden selbstverständlich bei uns mit Mischkulturen bestellt; so hatte ich einen Hügel, der mit 17 verschiedenen Gemüsen bepflanzt war, wobei ich erwähnen muss, dass meine Hügel eine Länge von zehn bis 12 Metern haben. Nach den von mir gemachten Erfahrungen genügen bei so intensiver Nutzung nur 80 bis 150 Quadratmeter Garten, um eine vierköpfige Familie das ganze Jahr hindurch mit Gemüse und Beerenobst aller Art zu versorgen. Die Lebensdauer eines Hügels, das heißt die Zeit, bis er fast dem Erdboden wieder gleich ist, beträgt je nach Innenmaterial und Schichtung zwei bis sechs Jahre. Da zwischen den Hügeln ein Zwischenraum von fünf Metern ist, kann man nach Ablauf dieser Zeit neue Hügel im Zwischenraum anlegen. Durch die inzwischen völlig verrotteten alten Hügel hat man für die Erdabdeckung der neuen Hügel eine ganz wundervolle Erde zur Verfügung.

Topinambur

Zu den Kulturen, die noch weniger bekannt sind, gehört Topinambur. Es gibt davon eine Sorte mit weißen und eine mit rötlichen Knollen. Topinambur wächst in jedem Gartenboden und ist auch vom Klima weitgehend unabhängig. Die Pflanzen erreichen eine Höhe von drei Metern und mehr und sind hervorragend geeignet, im Garten einen Windschutz und damit ein Kleinklima zu schaffen. Die Knollen, die man genauso auslegt wie Kartoffeln und die ab Ende Oktober geerntet werden können, vertragen Temperaturen bis zu minus 30 Grad Celsius. Man kann sie also den ganzen Winter über im Boden stehen lassen. Die Knollen werden am besten roh verzehrt, weil sie so am besten schmecken und auch der volle Vitamin- und Mineralstoffgehalt aufgenommen wird. Auch von allen Tieren werden sie sehr gern genommen und daher werden sie auch in der winterlichen Wildfütterung viel verwendet. Ihr einziger Nachteil ist, dass sie sehr rasch austrocknen und man deshalb keine großen Mengen lagern kann. Man muss sie im Keller in feuchtem Sand einschlagen, um einen laufenden Vorrat auch bei starkem Frost zu haben, wenn man nicht an die Wurzeln herankann.

Vor allen Dingen für Diabetiker ist diese Knolle von Bedeutung, weil sie neben vielen anderen wertvollen Stoffen einen hohen Gehalt an Inulin hat.

Topinamburknollen werden am besten roh verzehrt.

Topinambur wächst in jedem Gartenboden.

Inulin hat für die Bauchspeicheldrüse besondere Bedeutung. Immer erfahre ich von Kunden, die an Zuckerkrankheit leiden, dass durch den täglichen Genuss von vier bis sechs Topinamburknollen sich ihr Gesundheitszustand bedeutend verbessert habe. Eine Kundin berichtete mir sogar, dass sie den Sommer über die gleiche gute Wirkung durch eine bescheidene Menge von Topinamburschnaps erfahren habe. Vorwiegend in Süddeutschland und Österreich ist Topinamburschnaps bekannt.

Die Pflanzen liefern neben dem reichlichen Knollenertrag große Mengen an Grünmasse, die zur Bodenbedeckung dienen kann. Auch nachdem der Frost die oberirdischen Teile zerstört hat, bleiben große Mengen an reisigartiger, holziger Substanz, die man vielseitig verwenden kann für Hügelbeete, als Anmach-Reisig im Ofen und vieles andere.

Man kann Topinambur als Hecke jahrelang an einer Stelle lassen und nur so viele Knollen entnehmen, wie man benötigt. Will man aber an ihrem Platz eine andere Kultur anbauen, empfiehlt sich im ersten Jahr eine Hackkultur, da auch kleinste Wurzelreste wieder zu einer neuen Pflanze werden.

Mischkultur aus Kopfsalat und Schalotte.

Gemüsemischkulturen

Der Gemüsegarten im Paradies

Von *Ursula Venator*

Wie bauen wir nun Gemüse nach dem Vorbild des Mischwaldes an? Obstbäume und Waldbäume – das mag als Vergleich ja noch gelten. Aber Kohl, Sellerie, Lauch, Erbsen oder Salat – bei denen sehen wir wirklich keine Ähnlichkeit mit Waldbäumen! Dennoch, auch für den Gemüsebau gibt uns die Natur, die von Menschenhand unberührte Natur, ein Vorbild. Auf einer Bergwiese, einem Stückchen Ödland, einer Waldlichtung sehen wir das gleiche System wie im Mischwald: eine mannigfaltige Tierwelt oberhalb und im Boden, die verschiedensten Pflanzen nebeneinander und nacheinander; Flachwurzler neben Tiefwurzlern und Zwiebelgewächsen, hochgewachsene neben gedrungenen Kräutern, breite Blätter neben schmalem Gras, Sommer- und Herbstblumen nach Frühjahrsblühern – keinen Quadratmeter werden wir finden, auf dem nicht fünf, sechs ja zig verschiedene Pflanzen im Lauf eines Jahres wachsen und vergehen, und keinen halben Quadratmeter nackten Bodens werden wir finden. Und dieses Miteinander, dieses sich gegenseitig stützen, schützen und fördern, die ständige Bedeckung des Bodens versuchen wir im Garten weitgehend nachzuahmen. Gerade im Gemüsebau, in dem wir ja giftfreie Erzeugnisse ernten wollen, müssen wir die Gesetze der Natur beachten, uns ihnen anpassen, sie uns zunutze machen, dürfen wir auf keinen Fall gegen sie arbeiten. Wir kommen dann ganz von selbst zu einem Mischkulturengarten. So erging es mir schon vor vielen Jahren, als ich versuchte, in einem Garten von 600 Quadratmeter Größe am Rande einer Großstadt Gemüse und Beerenobst für meine achtköpfige Familie ohne Gifteinsatz heranzuziehen – zunächst ohne jede Anleitung zum sogenannten biologischen Gartenbau. Bald stieß ich auf die kleine Schrift von Frau *Maria Müller* aus der Schweiz („Praktische Anleitung zum organisch-biologischen Gartenbau"), die Schriften der Abtei Fulda und 1973 fiel mir durch die „Gesellschaft Boden und Gesundheit e.V." in Langenburg, deren Mitglied ich wurde, Frau *Gertrud Francks* Büchlein „Der Mischkulturen-Garten“ in die Hände. Frau Franck wurde mein großes Vorbild für den Reihenmischkulturengarten. Sie hat eine Methode gefunden, eine möglichst große Pflanzenvielfalt auch im kleinen Garten so zu pflanzen, dass man in aller Ordnung leicht arbeiten und ernten kann. Als ich 1974 zu Diplom-Landwirt Heinz Erven kam und seine Mitarbeiterin wurde, bekam ich Gelegenheit, das, was ich in meinem Schrebergarten ausprobiert hatte, in größerem Rahmen anzuwenden. So durfte ich vor einigen Jahren den etwa einen Morgen großen Gemüsegarten im „Paradies“ neu anlegen. Wie, das will ich im Folgenden beschreiben.

Aus dem Gemüsegarten. Vorne Reihen-, im Hintergrund Beetmischkulturen.

Bodenbedeckung, das „A und O" im Garten

Der Gemüsegarten, etwa 120 Meter lang, wird auf der ganzen Länge durch einen Mittelweg geteilt. Der Streifen rechts des Weges ist in Reihenmischkultur, der andere in Beetmischkultur angelegt. Voraussetzung für beide Systeme – ob Reihen oder Beete – ist eine durchdachte Pflanzennachbarschaft und Pflanzenfolge sowie die ständige Bedeckung des Bodens. Die naturgemäßeste Bedeckung, der grüne Bewuchs nämlich, ist nur sehr begrenzt durchführbar, weil wir ja bei den Nutzpflanzen bestimmte Pflanzabstände einhalten müssen, Wildkräuter oft deshalb bekämpfen, weil manche Kulturen deren Konkurrenz schlecht vertragen. So behelfen wir uns im Gemüsegarten meist mit einem Bodenbedeckungsmaterial, das wir uns selbst zusammentragen und, möglichst etwas zerkleinert, aufbringen: Brennnesseln, Comfrey, Farn, Kartoffelkraut, Tomaten, Bohnen, Erbsen, Topinambur und alles Zuviel an Kräutern wie Schnittlauch, Liebstock, Estragon oder was sonst im Garten anfällt. Zur Zerkleinerung empfiehlt sich in einem größeren Garten die Anschaffung eines Häckslers, heute von verschiedenen Herstellern angeboten. Man kann mit ihnen meist sogar Äste von einem Durchmesser bis viereinhalb Zentimeter zerschlagen. In einem kleineren Garten genügen ein Hauklotz und ein scharfes Beil, mit Hilfe derer man in kurzer Zeit beachtliche Mengen zerkleinern kann. Grasschnitt eignet sich in dünner Schicht ebenso wie Stroh, das man am besten mit Pflanzenjauche gut durchfeuchtet. Wir bringen auf diese Weise eine möglichst große Vielfalt an organischem Material in unseren Garten, das in Verbindung mit dem im Herbst dünn ausgestreuten Lavamehl den Pflanzen die notwendigen Nährstoffe bietet.

Auch in der Bekämpfung der sogenannten Unkräuter nehmen wir es nicht so genau. Besser als unbedeckter Boden ist immer noch dieser, manchmal nicht ganz so erwünschte grüne Bewuchs. Die Vogelmiere (auch Hühnerdarm genannt) hält zum Beispiel bei längerer Trockenheit den Boden feucht, wofür unsere Dicken Bohnen im trockenen Mai schon sehr dankbar waren.

Reihenmischkulturen

Nun aber zu den einzelnen Kulturen. Für die Reihenbepflanzung wurden im ersten Jahr Reihen im Abstand von 50 Zentimeter abgesteckt und mit Schnüren die zehn Meter langen Reihen markiert. Das war im Moment ein verhältnismäßig großer Arbeitsaufwand, aber diese Arbeit ist nun ein für alle Mal getan. Da der Garten das ganze Jahr über bewachsen und bestellt ist, braucht nicht wieder neu abgesteckt zu werden. Soweit Zeit und Arbeitskräfte es zulassen, wird zwischen den Kulturreihen jeweils eine Reihe Spinat eingesät, wie es von Frau Franck empfohlen wird, um den Spinat zu ernten und ihn, nach dem Abhacken, als erste Bodenbedeckung liegen zu lassen. Diese Spinatreihen sind sehr zu empfehlen, aber keine Grundvoraussetzung für eine Reihenmischkultur. Wichtig vor allen Dingen ist die Zusammenstellung der Hauptkulturen und dass die Kulturen Jahr für Jahr verschoben werden, sodass niemals gleiche Pflanzen auf den gleichen Platz kommen – also nie Sellerie auf Sellerie, Kohl auf Kohl usw. folgt. Außerdem werden die Kulturreihen jedes Jahr noch dazu um 25 Zentimeter verschoben, sodass in dem einen Jahr die Hauptreihe dort steht, wo im vergangenen Jahr Zwischenraum zum Laufen war. Es folgen jetzt einige der Zusammenstellungen, die sich bei uns bewährt haben. Sie bestehen jeweils aus vier verschiedenen Reihen, die beliebig oft, je nach vorgesehenem Platz und Bedarf, wiederholt werden können. Bei uns besteht jede der Mischkulturen aus 32 Reihen, das heißt, die vier Reihen werden jeweils achtmal wiederholt.

Mischkultur I:

- Reihe: Tomaten. Sie besetzen die Reihen von Mai bis Oktober. Vorher können schon Kresse oder Radieschen geerntet worden sein. Im Herbst werden die abgeernteten Reihen mit dem zerkleinerten Tomatenkraut, Kompost, Rinderdünger o. ä. abgedeckt.
- Reihe: Salat, früh ausgesät, dann verzogen. Dazwischen werden Radieschen gesät. (Der Salat schützt Radieschen gegen den Erdfloh.) Nach der Salaternte folgt Rosenkohl, der durch die Tomate (Reihe 1) vor dem Kohlweißling geschützt ist.
- Reihe: Dicke Bohnen, schon im Februar gesät oder, wenn möglich, im Nov./Dez. in Frostsaat. Nach der Ernte, spätestens im Juni, folgt Winterporree.

- Reihe: Blumenkohl, früh, im Frühbeet vorgezogen (wenn der Kohlweißling fliegt, schützt die Tomate.) Nach der Ernte folgt Endiviensalat.

Mischkultur II:

- Reihe: Sellerie. Vorher kann schon Kresse oder Pflücksalat stehen. Nach der Ernte werden die Beete im Oktober/November abgedeckt.
- Reihe: Kohlrabi, früh. Nach der Ernte folgen Buscherbsen. Bei späterem Aussaat-Termin (Ende Juli/Anfang August) muss man eine frühe Erbse wählen wie ´Kleine Rheinländerin´, ´Rheinperle´ o.ä. Nach der Ernte bleibt das Erbsenkraut zur Bedeckung auf der Reihe.
- Reihe: Sommerporree in Doppelreihe. Es folgt Spinat fürs Frühjahr.
- Reihe: Kohlrabi. Im Anschluss Erbsen, wie 2. Reihe.

Mischkultur III:

- Reihe: Sellerie (vorher wie Mischkultur II, 1. Reihe).
- Reihe: Früherbsen. Danach wird entweder Knollenfenchel in Doppelreihe oder Chinakohl (1 Reihe) ausgesät und später verzöge Die verzogenen Pflänzchen werden in die Beetkulturen oder an den Hügelbeeten noch ausgepflanzt. Dadurch staffeln wir die Ernte noch.
- Reihe: Sellerie (wie 1. Reihe).
- Reihe: Frühwirsing und Spitzkohl. Durch den Sellerie ist der Kohl vor dem Kohlweißling schützt (Reihe 1 und 3: Sellerie). Nach der Kohlernte wird Feldsalat in Doppelreihe ausgesät.

Mischkultur IV:

- Reihe: Buschbohnen, etwa acht Tage vor den Eisheiligen ausgelegt. Einjähriges Bohnenkraut wird als vorgezogene Pflänzchen mit ausgepflanzt zum Schutz gegen Schwarze Läuse.
- Reihe: Zucchini. Sie werden bei uns an Ort und Stelle ausgelegt, nicht jedoch bevor die benachbarten Buschbohnen (Reihe 1 und 3) ihre ersten Blätter entfaltet haben. Die Zucchini würden sonst durch ihr rasches, starkes Wachstum den Bohnen wenig Platz lassen und uns das Ernten erschweren (wie es im ersten Jahr geschah!).
- Reihe: wieder Buschbohnen. Nach der Ernte bleibt das Kraut an Ort und Stelle, die Zucchini haben jetzt Platz sich auszubreiten bis zur 4. Reihe.
- Reihe: Zuckermais.

Die Mischkultur IV steht da, wo im Vorjahr die jetzt folgende Kultur V gestanden hat, wo also bis ins Frühjahr noch Feldsalat, Grünkohl und Spinat gestanden haben, die Beete also bis kurz vor der Bestellung im Mai noch bestanden waren.

Mischkultur V:

- Reihe: Rotkohl, früh oder mittelfrüh. Danach folgt Feldsalat in Doppelreihe ausgesät.
- Reihe: Salat mit Radieschen, gesät und später verzogen. Es folgt Grünkohl, zum Schutz gegen Kohlweißling mit Sellerie im Wechsel gepflanzt.
- Reihe: Buschbohnen. Es folgt Spinat in Doppelreihe.
- Reihe: Salat mit Radieschen, gesät und verzogen. Es folgt Grünkohl, wie 2. Reihe.

Diese Beispiele aus unserem Garten können nach eigenem Bedarf auch abgewandelt werden. So können an Stelle der Zucchini Gurken oder Melonen stehen (der Mais bietet ihnen Windschutz, also ein Kleinklima), Kopfkohl und Blumenkohl können ausgetauscht und Endiviensalat durch Zuckerhut oder Lattichsalat ersetzt werden. Man muss auch nicht alle Salat- oder Kohlrabireihen gleichzeitig pflanzen bzw. säen, sondern in Abständen von zwei bis drei Wochen. Dann ist immer eine Reihe erntereif, immer hat man ein paar Reihen frei, die rasch, in kurzer Zeit und ohne großen Kraftaufwand, mit dem Kultivator durchgezogen und neu besät oder bepflanzt werden können. Man kann die in den Salatreihen verzogenen größeren Pflänzchen in eine freie Reihe auspflanzen und hat auf diese Weise die Salaternte über einen längeren Zeitraum hinausgezogen. Die am Ort gesäten Salate entwickeln sich zügiger und sind eher schnittreif als die verpflanzten. So kann auch ein kleinerer bis mittlerer Erwerbsgarten leicht bearbeitet werden ohne große Körperkräfte. Die Zahl der benötigten Geräte ist auch nicht allzu groß. Wir kommen aus mit einer leichten Hacke, einer Harke (eisernem Rechen), einem Kultivator, einem Reihenzieher und einem Pflanzholz. Für schmalere Reihen (Feldsalat, Spinat, Fenchel) sowie Möhren, Zwiebel, Rote Bete und andere ist noch eine schmale Ziehhacke (12 bis 15 Zentimeter) oder ein Schuffeleisen praktisch.

Die Beetmischkulturen

Hier haben wir Beete von 120 Zentimetern Breite, auf denen Rote Bete, Möhren Zwiebeln, Bohnen, Kartoffeln, Spätkohl, Sellerie, Radicchio u.v.a. in ständigem Wechsel stehen. Manche Kulturen besetzen ein ganzes Beet – z. B. Dicke Bohnen, Erbsen, Rote Bete, Zwiebeln, Möhren und Kartoffeln – dann müssen wir auf eine günstige Fruchtfolge und natürlich auch auf eine gute Beetnachbarschaft achten. Steckzwiebel kommen auf das Möhrenbeet vom vergangenen Jahr, Rote Bete stehen neben einem Zwiebelbeet, Dicke Bohnen neben Kartoffeln; der starkzehrende Kohl, mit Sellerie zusammengepflanzt, folgt auf Dicke Bohnen oder Früherbsen, die ja einen ausgeruhten, mit Stickstoff bereicherten Boden hinterlassen.

Auf anderen Beeten stehen mehrere Kulturen gleichzeitig, z. B. Blumenkohl und Sellerie (der Blumenkohl schützt den Sellerie vor Rost, der Sellerie den Kohl vor dem Kohlweißling); Salat mit Rettich (der Salat hält den Erdfloh fern); Steckzwiebel bzw. Schalotten mit Salat (die Zwiebel schützt vor Pilzkrankheit); Lauch und Sellerie, Lauch mit Wurzelpetersilie, Endivien mit Kohlrabi im Wechsel, Fenchel mit Chinakohl, Buschbohnen mit Gurken.

Dies sind nur einige Beispiele von Nachbarschaften, die sich bei uns als gut erwiesen haben. Nach unseren Erfahrungen gibt es nur einige wenige Pflanzen, die sich ausgesprochen schlecht miteinander vertragen bzw. einander im Wachstum hemmen: Tomaten vertragen sich schlecht mit Fenchel, Kohlrabi und Rote Bete; Buschbohnen sollen nicht mit Zwiebeln und Erbsen zusammenstehen und Salat wird durch Petersilie in der Entwicklung gestört. Eine Beobachtung im vergangenen Jahr lässt mich vermuten, dass auch die Pastinake den Kopfsalat im Wachstum hemmt. Neben Pastinake ausgepflanzter Salat wuchs zunächst zügig, bildete jedoch keine Köpfe, während die gleichen Pflanzen zwischen Porree bzw. Kohlrabi sich normal entwickelten. Diese Wechselbeziehung muss aber erst noch weiter beobachtet werden, wie ja auf diesem Gebiet jeder noch in seinem Garten Erfahrungen sammeln kann.

Grüneinsaaten

Unsere Beete wandern, ebenso wie die Reihenmischkulturen, Jahr für Jahr nach einem genauen Plan. Lediglich die Tomatenstücke werden in den Wechsel nicht mit einbezogen. Sie stehen jahrelang am gleichen Platz und das Tomatenkraut wird hier, neben anderem Material, wieder zur Bodenbedeckung verwendet. Beim Wechsel der übrigen Beete wird berücksichtigt, dass jedes Beet alle vier Jahre etwa einmal eine Leguminose, also eine stickstoffsammelnde, bodenschonende Kultur, trägt. Auf diese Weise machen wir uns den hohen Stickstoffgehalt der Luft (78 Prozent!) für unsere Gemüsekulturen zunutze. Da uns dafür genügend Gemüsearten zur Verfügung stehen, die man für den Verzehr ernten kann – Erbsen, Dicke Bohnen, Busch- oder Stangenbohnen –, brauchen wir keine entsprechende Gründüngung einzuplanen. Für andere Gründüngung müssen wir jedoch mindesten eine halbe Vegetationsperiode auf die Gemüseernte verzichten. Je nach Aussaatzeit der Gründüngung können wir in dem betreffenden Jahr nur entweder eine ganz frühe oder ganz späte Gemüsekultur einplanen. *Phacelia,* auch Bienenfreund genannt, die wir von März an aussäen können, ist eine hervorragende Gründüngung, die mit einem drahtharten, verzweigten Wurzelwerk den Boden durchzieht, unerwünschte Wildkräuter unterdrückt und einen garen, lockeren Boden hinterlässt. Ganz abgesehen davon,

Die Phacelia, auch Bienenfreund genannt, lockt zahlreiche Insekten in den Gemüsegarten.

dass *Phacelia tanacetifolia* in hohem Maße Kali aus dem Boden aufschließt, steht uns ihre abgemähte Grünmasse noch zur Abdeckung des Bodens zur Verfügung. Wenn wir sie einmal in Blüte kommen lassen, was wir der Bienen wegen immer dann tun, wenn die Obstbäume abgeblüht sind, lockt uns diese ausgezeichnete Bienenweide Hunderte und Aberhunderte von Insekten in den Garten.

Eine ebenso hervorragende Bienenweide ist der Buchweizen, der auch rasch und dicht den Boden begrünt und, ebenso wie die *Phacelia,* in der Lage ist, Kalium in besonderem Maße aufzuschließen. Man kann ihn aber erst von Mitte/Ende Mai ab aussäen, da er frostempfindlich ist. In diesem Fall wäre also der Anbau einer frühen Kultur anzuraten. Der 'Hohenheimer Gelbsenf' ist eine besonders rasch keimende und schnell wachsende Grüneinsaat, die durch das Senföl zur Bodengesundung beiträgt. Eine Senfeinsaat ist immer dann angebracht, wenn ein Beet für einen kürzeren Zeitraum leer steht oder im Herbst, nach der Ernte, das Beet noch rasch vor Frosteintritt begrünt werden soll; z. B. im Frühjahr vor Sellerie, Paprika, Tomaten, Buschbohnen oder im Herbst zwischen Erdbeeren. Dort, wo unmittelbar danach Kohl gepflanzt werden soll, verwenden wir ihn nicht, da er, ebenso wie der Kohl, zu den Kreuzblütlern gehört.

Von den genannten Gründüngungspflanzen benötigt man für 100 Quadratmeter folgende Saatmengen: *Phacelia* 200 Gramm, Gelbsenf 200 Gramm, Buchweizen 600 Gramm.

Im regenreichen Sommer 1980 konnten wir eine ganz neue Erfahrung machen. Am Ende unseres schmal auslaufenden Gemüsegartens hatten wir eine Fläche von etwa 400 Quadratmetern mit dem Erbsen/Bohnen/Wicken-Gemenge eingesät und wollten dort im Juli Winterwirsing, Steckrüben, Dauerkohl im Wechsel mit Sellerie auspflanzen. Zu dem geplanten Zeitpunkt mussten wir aber wegen des wochenlangen Regens die Bestellung immer wieder herausschieben. Schließlich drohten aber unsere Jungpflanzen überständig zu werden und es musste irgendeine Maßnahme ergriffen werden. Der Boden war so nass, dass eine Bearbeitung unmöglich war. So wurde denn die inzwischen sehr hohe Gründüngung abgemäht und das Abgemähte heruntergeharkt. Nun wurde, ohne den Boden auch nur im Geringsten zu bearbeiten, einfach gepflanzt: zwei Reihen Wirsing, zwei Reihen Sellerie, zwei Reihen Rosenkohl, zwei Reihen Sellerie usw. Am Schluss wurde die abgemähte Grünmasse als Bedeckung zwischen die Reihen gebracht. Erst als nach Wochen der Regen aufhörte, konnte zum ersten Mal gehackt werden. Nun aber konnten wir die Pflanzen förmlich wachsen sehen! Wir hackten noch ein zweites Mal und das Feld wurde eines unserer schönsten. Der sehr spät gepflanzte Sellerie brachte noch Knollen in Apfelgröße und überstand Frühfrost im November bis minus acht Grad Celsius ohne Schaden. Rotkohl und Steckrüben brachten vollen Ertrag und das Feld ist jetzt noch zum Teil bestanden mit Winterwirsing und Rosenkohl. Es soll, nach einer noch vorzunehmenden dünnen Bedeckung mit verrottetem Rinderdünger im Frühjahr Kartoffeln tragen, dazwischen werden zwei lange Reihen Meerrettich stehen.

Untersaaten und -pflanzungen

Unter manchen Kulturen können wir Untersaaten bzw. Unterpflanzungen vornehmen, wie unter Tomaten, Paprika, Mais oder Topinambur. Eine Platterbse *(Lathyrus cicera)*, die zu den stickstoffsammelnden Pflanzen gehört, ist dafür hervorragend geeignet. Man kann sie schon im März/April vor der Hauptkultur, in Reihen oder breitwürfig, aussäen. Da sie nicht hochwüchsig ist, überzieht sie bald als grüner Teppich den Boden, man kann die Hauptkultur dazwischenpflanzen. Die Platterbse hält den Boden beschattet und liefert der Kulturpflanze Stickstoff. Zur Bearbeitung kann man auch ruhig darüber laufen.

Als Bodendecker ist mir eine Gemüsepflanze besonders lieb: der Neuseeländer Spinat *(Tetragonia expansa)*. Außer einer reichen Spinaternte den ganzen Sommer über bis in den Spätherbst hinein liefert er uns einen stets feuchten, beschatteten und garen Boden. Man kann zum Beispiel jede zweite Tomatenzwischenreihe damit bepflanzen im Abstand von 50 Zentimeter und die freie Reihe kann begangen werden, wenn man die Tomaten ausgeizen, aufbinden oder ernten will. Neuseeländer Spinat wird zweckmäßigerweise Ende März/Anfang April in Töpfchen vorgezogen, damit man Ende Mai einigermaßen kräftige Pflänzchen setzen kann. Der Samen liegt zwischen drei und sechs Wochen bis zur Keimung und die Pflanze wächst im Anfangsstadium sehr langsam, deckt aber später rasch die ganze Reihe.

Blühende Kräuter im Gemüsegarten

Gleich am Eingang zum Gemüsegarten ist ein Kräutergarten angelegt, in dem Liebstöckel, Estragon, Schnittlauch, Petersilie, Basilikum, Dill, Kerbel, Weinraute, Bohnenkraut, Majoran, Zitronenmelisse, Fenchel, Comfrey u. a. in buntem Wechsel stehen. Darüber hinaus beziehen wir noch eine ganze Reihe von Kräutern in die Gemüsekulturen mit ein: Dill wird zusammen mit Möhren ausgesät, um ein sicheres Auflaufen der Möhrensaat zu gewährleisten; einjähriges Bohnenkraut steht zwischen Buschbohnen zum Schutz gegen Schwarze Läuse; Basilikum pflanzen wir zwischen Tomaten, ebenso Knoblauch (zur Pilzabwehr), Ringelblume (Calendula; gegen die Weiße Fliege) und Studentenblume (*Tagetes*; um Nematoden fernzuhalten). Pfefferminze zwischen Kohl dient ebenfalls zur „Schädlings"-Abwehr. Den zweijährigen Kümmel säen wir dort aus, wo im kommenden Jahr Kartoffeln stehen sollen, weil der Kümmel den Geschmack der Kartoffeln günstig beeinflusst und eine Meerrettichreihe im Kartoffelbeet hält die Pflanzen gesund. Das konnten wir im Jahr 1980, das wegen seiner nasskalten Witterung für Kartoffeln besonders ungünstig war, bestätigt finden. Kamille zwischen Möhren hält die Möhrenfliege fern, doch ist hier Vorsicht geboten, denn wenn die Kamille sich aussät, wird man sie schlecht wieder los! Alles, was wir im Gemüsegarten an Blütenpflanzen haben – vor allem Basilikum, Lavendel, Ysop, Ringelblume, Borretsch und eine Randpflanzung von hohen Sonnenblumen – lockt uns eine Vielzahl von Insekten in den Garten, die für die Bestäubung wichtig sind. Die Ernte von Zucchini, Gurken, Melonen insbesondere, aber auch von Erbsen, Bohnen und Tomaten wird dann größer ausfallen. Durch eine Randbepflanzung mit hohen Sonnenblumen, Topinambur oder Stangenbohnen schaffen wir uns darüber hinaus Windschutz und damit ein günstiges Kleinklima.

Insekten im Gemüsegarten

Wie wichtig eine große Vielfalt an Insekten im Gemüsegarten ist, soll eine Erfahrung aus dem Jahr 1979 illustrieren. Beim zweiten Kohlweißlingflug, etwa im September, blieben trotz aller Mischpflanzung unser Rosenkohl und Grünkohl nicht ganz verschont. Beim Hacken entdeckte ich eine ganze Anzahl schon ausgeschlüpfter Raupen beim Fressen. Ich geriet ein bisschen in Panik und sah im Geist schon unsere sehr schönen, kräftigen Kohlpflanzen bis auf die Rippen kahlgefressen. Aber schließlich hatte ich von Heinz Erven gelernt, dass man immer die Ruhe bewahren und erst einmal abwarten soll. Dennoch las ich vorsichtshalber einen Vormittag lang alle Raupen ab, die ich finden konnte. Ich steckte sie mit ein paar Kohlblättern in Gläser mit gelochten Deckeln, um einmal die Verpuppung in Ruhe beobachten, meinen Kindern oder Besuchern zeigen zu können. Dazu jedoch kam es gar nicht. Es zeigte sich, dass alle Raupen, ohne Ausnahme, parasitiert waren von einer Schlupfwespe, der *Apanteles glomeratus.* Diese winzig kleine Schlupfwespe legt mit Hilfe eines Legestachels ihre Eier ausschließlich in die Raupen von Weißlingen. Im Inneren der Raupen entwickeln sich die kleinen Larven, derweil die Kohlweißlingraupe noch eine Zeit lang munter am Kohl weiterfrisst. Jedoch nicht mehr allzu lange kann sie das, denn wenn die Larven groß genug sind – sie ernähren sich zunächst von den Fettgeweben, später von den inneren Organen der Raupe – verlassen sie diese, indem sie sich einfach an den Längsseiten „herausfressen". Aus einigen Raupen kamen bis zu 20, 25 Schlupfwespenlarven heraus! Es war interessant zu beobachten, wenn auch ein bisschen ekelerregend und grausam scheinbar. Alsbald verpuppten sich die kleinen Lar-

Die Florfliege heftet ihre Eier, an Fäden von etwa einem Zentimeter Länge, direkt an Zweige oder Blätter, die von Blättläusen befallen sind.

ven zu mehreren in gelben Kokons und im Inneren konnte man bei genauem Hinsehen schon die kleinen Schlupfwespen für das kommende Jahr erkennen. Wir konnten feststellen, dass keine einzige Kohlweißlingraupe zur Verpuppung gekommen und also auch kein neuer Kohlweißling ausgeschlüpft wäre!

Im Jahr 1980 konnten wir eine ähnliche Beobachtung beim Rotkohl machen, der von Blattläusen befallen war (wahrscheinlich als Folge einer Wachstumsstockung nach Wassermangel). Bevor wir irgendeine Maßnahme ergreifen konnten, hatten Schwebfliegen ihre Eier auf dem Rotkohl abgelegt und wir sahen zwischen den Läusen die Larven sitzen, die tagelang Laus für Laus verzehrten. Wenn es hochkommt, hatten wir etwa drei bis fünf Prozent Ausfall durch die Läuse. Das ist leicht zu verschmerzen, da wir ja weder einen Pfennig Geld noch Arbeitszeit für die sogenannte Schädlingsbekämpfung aufgewendet hatten! Ganz abgesehen davon, dass die Natur nicht mit Gift belastet wurde. Wenn sich ein gewisses natürliches Gleichgewicht einmal wieder eingependelt hat, kann man laufend solche Beobachtungen und Erfahrungen machen. Wir könnten auch aus der Obstanlage viele ähnliche Erlebnisse, vor allem mit Marienkäferchen und Florfliegenlarven, berichten.

Wir müssen nur wissen, dass die Zahl der „Nützlinge“ erst dann größer wird, wenn ihnen ihre Nahrung (Blattläuse, Milben, Raupen und andere) in reichlicher Menge zur Verfügung steht, d.h., erst wenn genügend von diesen „Schädlingen“ vorhanden sind, wird der „Nützling“ veranlasst, sich stärker zu vermehren. Bevor wir also zu einer Bekämpfung uns entschließen, die ja immer zusätzliche Arbeit verursacht – sei es Bestäuben mit Lavamehl, Übergießen mit Wermuttee oder ähnlichem –, warten wir erst einmal ab, ob die Natur sich nicht selbst hilft. Auf keinen Fall jedoch dürfen wir giftige Substanzen einsetzen, da wir auch auf jeden Fall den „Nützling“ schädigen. Dazu kommt, dass ein Teil dieser Spritzmittel unweigerlich auf und in den Boden gelangt und damit die Grundvoraussetzung jeder Bodenfruchtbarkeit auf Dauer zerstört: das Milliardenheer der Bodenlebewesen.

Wenn einmal ein stärkerer Befall auftritt, können wir sicher sein, dass wir beim Anbau einen Fehler gemacht haben. Sowohl zu lange Trockenheit wie Verdichtung des Bodens durch starken Regen, fehlende Nährstoffe oder Überdüngung, schlechte Pflanzennachbarschaft – all das sind Dinge die wir teils selbst verursacht haben oder aber deren negative Wirkung auf die Pflanze verhindern oder abschwächen können. Die Zufuhr salzhaltiger, also wasserlöslicher Düngemittel zum Beispiel, stört die ausgewogenen Nährstoffverhältnisse im Boden empfindlich. Die Pflanze wird zur Aufnahme der in Wasser gelösten Stoffe gezwungen und jede Auswahl ihr verwehrt. Sie wird zum „Fresser" gemacht wie ein Kind, dem von Anfang an hinein gestopft wird, was nur hineingeht. So wie das Kind wird auch die Pflanze mastig, aufgeschwemmt und anfällig. Das ist nicht etwa eine Theorie der modernen, „alternativen" Anbauer! Im Jahr 1906 hat ein Wissenschaftler, Bodenkundler der damaligen Technischen Hochschule Karlsruhe, *Dr. Maximilian Heibig,* in einem Buch „Über Düngung im forstlichen Betriebe" darauf hingewiesen und ich zitiere hier nur einige Sätze aus seinen ausführlichen Darlegungen: „Stehen der Pflanze viel Nährstoffe zur Verfügung, so nimmt sie über den Bedarf [. . .] und treibt sogenannten Luxuskonsum [. . .] Bekannt ist, dass eine üppige vegetative Entwicklung [. . .] Frost schlecht verträgt und Krankheiten zugänglicher ist." (S. 102.) Mit Düngung in salzhaltiger Form schädigen wir Bodenleben und Pflanze und verstärken diesen Schaden noch durch nun notwendig gewordene Spritzung der anfälligen Pflanzen mit Pestiziden verschiedener Art. Warum arbeiten wir nicht lieber von vorneherein mit natürlichen, gesunden Methoden?! Nur indem wir durch Pflege des Bodenlebens den Acker gesund erhalten und damit der Pflanze die ihr gemäßen, besten Wachstumsbedingungen schaffen, halten wir sie gesund und widerstandsfähig, beschränken Krankheiten und Schädlingsbefall auf ein Minimum und können ohne den Einsatz von Giften auskommen. *Goethe,* als großer Naturforscher und scharfer Naturbeobachter, hatte erkannt, dass wir Menschen uns den Naturgesetzen, denen wir selbst unterworfen sind, anpassen müssen und nicht erwarten können, dass die Natur sich nach unseren jeweiligen Wünschen umgestalten lässt. Er hat das so formuliert: „Die Natur versteht keinen Spaß; sie ist immer wahr, immer ernst, immer strenge und die Fehler und Irrtümer sind immer des Menschen."

Säen und pflanzen

In einem Garten, dessen Boden ständig abgedeckt ist, hat man rasch eine Reihe oder ein Beet saat- bzw. pflanzfertig. Die Bedeckung wird abgeharkt, der Boden mit dem Kultivator gelockert und mit dem Rechen geglättet. Es wird eine Rille markiert, die gründlich mit abgestandenem Wasser – am besten Regenwasser – ausgegossen und dann im gewünschten Abstand bepflanzt wird. Die Wurzeln der Setzlinge werden unmittelbar zuvor in dicken Lehmbrei getaucht. Der Eimer mit Lehmbrei wird von Reihe zu Reihe mitgenommen. Die Pflanzen wachsen zügig an und jedes Angießen erübrigt sich. Für uns ist das sehr wichtig, da wir nur geringe Niederschlagsmengen (550 bis 600 Millimeter pro Jahr) haben und die Wasserversorgung zur Bewässerung im Großen nicht ausreicht.

Gesät wird ebenfalls in eine ausgegossene Rille, der Same dann mit trockener Erde, je nach Samenart stärker oder weniger stark, abgedeckt. Dann wird der Same gut angedrückt – bei mir geschieht das mit der Hand und geht ganz rasch. Auf großen Flächen empfiehlt es sich, sogenannte Trittbretter dafür zu nehmen. Wir verwenden selbstverständlich nur ungebeiztes Saatgut. Mit den heute üblichen Saatbeizmitteln bringen wir wieder Giftstoffe in den Boden, was auf jeden Fall vermieden werden muss.

Wenn wir später die heranwachsenden Pflänzchen mit einer Brennnessel- oder Comfreyjauche gießen, streuen wir rasch etwas Lavamehl hinterher, vor allem an den Wurzelhals der Kohlpflanzen, damit der Jauchegeruch gebunden wird. Er könnte sonst die Kohlfliege heranlocken. Bei ganz früh im Jahr ausgepflanzten Kohlrabi- oder Salatpflänzchen erlebt man immer wieder, dass Hasen, Kaninchen und Vögel sich gierig auf dieses erste Gemüseangebot stürzen und uns empfindlichen Schaden zufügen können. Wir können ihnen den Appetit verderben, indem wir gleich nach dem Pflanzen Wermuttee über die Blätter gießen. Der Bitterstoff hält die Tiere ab und wir können dieses Übergießen gegebenenfalls noch einmal wiederholen. Wir hatten bei uns damit immer vollen Erfolg; nicht übergossene Vergleichsreihen wurden bis aufs Herz abgefressen und erholten sich kaum.

Alle Bearbeitungen, ob Lockern, Säen, Pflanzen, Hacken oder Ernten geschehen bei uns nach den von *Maria Thun* errechneten günstigen Aussaatterminen. Nicht nur im kleinen Hausgarten, auch im Erwerbsgartenbau, ist es durchaus möglich, sich danach zu richten. Ich habe erfahren, dass sich das Warten auf einen günstigen Aussaattag immer gelohnt hat, wenn es auch zunächst aus zeitlichen oder anderen Gründen schwierig erschien. Wir erstehen jedes Jahr den Kalender von Frau Thun und außer den Saat- und Bearbeitungsterminen finden wir darin viele wertvolle Anregungen und Informationen. Im biologischen Anbau arbeiten wir ja nicht mit so massiven Dingen wie salzhaltigen Düngemitteln, giftigen Herbiziden, Fungiziden und Insektiziden; wir müssen uns vielmehr alle günstigen Impulse zunutze machen, die die Natur uns gibt. Wie könnten wir da die kosmischen Kräfte außer Acht lassen, von denen die Pflanze ja in besonderem Maße abhängig ist. Schon unsere Vor-Vorfahren und viele Naturvölker und wissen um diese Einflüsse und Zusammenhänge und man hatte diese Dinge über all unserer so fortschrittlichen Wissenschaft vergessen, wie es auch mit der Heilwirkung vieler Kräuter geschehen ist. Jeder kann hier in seinem Garten Erfahrungen sammeln und Beobachtungen machen, die die Freude an der Natur und insbesondere am Garten noch vertiefen.

Geologie und Bodenverhältnisse

Die Standorteigenschaften des Paradieses

Von *Dr. Dietmar Schröder*

Das „Paradies“ liegt unweit des Dorfes Kirchdaun, etwa sechs Kilometer westlich von Remagen, am Südostrand der sogenannten Grafschaft. Die Höhenlage beträgt etwa 240 Meter über NN. Das Relief ist als welliges, mit etwa fünf Prozent nach Süden geneigter Mittelhang anzusprechen.

Vom „Paradies“ aus hat man einen herrlichen Blick auf die etwa drei Kilometer südlich von dort gelegene Landskrone, einen 272 Meter hohen Basaltkegel. Etwa einen Kilometer westlich vom „Paradies“ befindet sich der Scheidskopf, ebenfalls ein 280 Meter hoher Basaltschlot. Die Landschaft verdient also das Prädikat „paradiesisch“ zu Recht.

Die jährlichen Niederschlagsmengen sind mit etwa 600 Millimeter jährlich relativ gering, weil sich das „Paradies“ noch im Regenschatten der Eifel befindet. Das Maximum der Niederschläge fällt mit etwa 70 Millimeter/Monat in den Sommermonaten, das Minimum mit etwa 40 Millimeter pro Monat im Winter. Die Jahresdurchschnittstemperaturen liegen mit etwa plus neun Grad Celsius relativ hoch. Im Juni/Juli/August betragen die durchschnittlichen Temperaturen etwa plus 17 Grad Celsius im Dezember/Januar/Februar etwa plus zwei Grad Celsius.

Die mittlere Zahl der Frosttage (Tiefstwert der Temperatur unter null Grad Celsius) beträgt 80, die der Sommertage (Höchstwert der Temperatur mindestens plus 25 Grad Celsius) 20. Die mittlere Dauer der frostfreien Zeit erstreckt sich über einen Zeitraum von 177 Tagen. Damit ist eine relativ lange Vegetationsperiode garantiert.

Im Ganzen sind also die klimatischen Bedingungen recht günstig. Dies geht allein schon daraus hervor, dass sich der Weinbau an der nahe gelegenen Landskrone bis zu einer Höhe von etwa 200 Meter über NN heraufzieht und einige Stöcke auch im „Paradies“ prächtig gedeihen. Problematisch wird in einzelnen Jahres allerdings die Wasserversorgung der Kulturen in frühsommerlichen Trockenperioden. Wachstumsstörungen sind dann besonders auf den flachgründigeren Flächen und auf den wegen zeitweiliger Staunässe nur flach durchwurzelten Böden zu beobachten.

Geologie

Das „Paradies" hat eine sehr wechselvolle geologische Geschichte. Es gehört der Rumpffläche des Rheinischen Schiefergebirges an. Demzufolge stehen im Untergrund Grauwacken und Tonschiefer des Devons an. Diese wurden jedoch bis zum Tertiär stark verwittert. Ein Teil der Verwitterungsmassen wurde auch abgetragen. Während der Eiszeiten überflutete auch der Rhein das Gebiet des heutigen „Paradieses" und setzte seine Schotter ab. Darüber wurde anschließend noch ein Lößschleier gebreitet.

Die Böden

Entsprechend dem kleinräumigen Wechsel des Ausgangsmaterials wechseln auch die Bodenverhältnisse außerordentlich stark. Es ist deshalb sehr schwierig, mittlere Bodenverhältnisse anzugeben. Eine flüchtige, weitgerasterte Kartierung lässt jedoch folgende Aussagen über Entstehung, Verbreitung, Eigenschaften und systematische Einordnung der Böden zu:

Von der im Tertiär unter subtropischen Bedingungen gebildeten, viele Meter mächtigen Graulehmdecke, die nährstoffarm, sauer, wasserundurchlässig, luftarm und damit durchwurzelungsfeindlich ist, sind nur noch Relikte im südöstlichen Teil vorhanden. Entsprechend dem Ausgangsmaterial sind hier Staunässeböden (Pseudogleye aus Graulehm) ausgebildet, deren Wasserhaushalt sehr unausgeglichen ist. Vom Spätherbst bis zum Frühjahr herrscht Übernässung vor, im Sommer Trockenheit, zumal die Pflanzen diesen Standort nur flach durchwurzeln. Nach der Reichsbodenschätzung, deren Bewertungsskala von 0 bis 100 reicht, wobei mit 100 Punkten der beste in Deutschland vorkommende Boden bewertet wurde, ist dieser Teil der Fläche mit etwa 30 Punkten einzustufen.

Der nordöstliche Teil enthält im Untergrund kleinflächig ebenfalls Graulehm, im Wesentlichen aber die nach dem Abtrag des Graulehms in den Eiszeiten an die Oberfläche gerückten, weniger intensiv verwitterten, im Nährstoffhaushalt günstigeren Verwitterungsprodukte der Grauwacken. Sie tragen eine dünne Lößlehmdecke, die die Standorteigenschaften sehr verbessert. Geringe Anteile vom Kies der Rheinterrasse sind in die Lößlehmdecke eingemischt. Eine flächig verbreitete, konglomeratartig verbrochene hiesige Oberkante der Terrasse, die in der Umgebung noch stellenweise verbreitet ist und zu Staunässe führt, ist in dem gartenbaulich genutzten Teil jedoch nicht vorhanden. Die Böden in dem nordöstlichen Bereich sind dank ihres Lößschleiers, obwohl sie bodentypologisch ebenfalls zu den Pseudogleyen gehören, mit etwa 40 Punkten zu bewerten.

Der westliche Teil (westlich und nordwestlich des Gehöftes) schließlich ist mit 40 bis 70 Zentimeter mächtigem Lößlehm bedeckt. Er enthält mehr oder weniger Terrassenkies, der bei eiszeitlichem Fließen eingemischt wurde. Im Untergrund steht mehr oder weniger verwitterter Grauwackenzersatz an. Durch die größere Lößlehmmächtigkeit und geringere Verdichtung im Untergrund ist die Staunässe hier weniger stark ausgeprägt. Dennoch herrschen im Ganzen auch hier Pseudogleye vor, die aber lokal Übergänge zu Braunerden und Parabraunerden erkennen lassen. Die Wasserverhältnisse sind deshalb ausgeglichen, die Nährstoffvorräte reichlicher und die Durchwurzelung in größere Tiefe möglich. Die Böden erreichen deshalb 50 bis 60 Punkte.

Bodenuntersuchungen

Neben dieser feldbodenkundlichen Ansprache wurden im „Paradies“ seit zehn Jahren mehrfach bodenbiologische Untersuchungen durchgeführt; parallele Untersuchungen erfolgten in einem konventionell bewirtschafteten Nachbarbetrieb. Beiden Betriebsleitern sei für die Überlassung des Versuchsbodens herzlichst gedankt. Die Untersuchungen zeigten folgende Ergebnisse:

Die Versorgung der Obstplantagen im „Paradies“ mit pflanzenverfügbarem Kali und Phosphat ist hoch bis sehr hoch (15 bis 40 Milligramm pro 100 Gramm Boden), die pH-Werte mit 4,9 bis 6,6 für die dominierend vorherrschende Bodenart schluffiger Lehm nicht ganz ausreichend. Diese, im Vergleich zu den außerordentlich verarmten und versauerten anthropogen beeinflussten Böden, gute Versorgung ist das Resultat guter Humuswirtschaft und damit hoher Aktivität der Bodenorganismen. Die anfänglich verabreichte Mineraldüngung in Form von Thomasphosphat, Kali und Kalk wurde später zugunsten von Basalt- bzw. Lava- und Dolomitmehl umgestellt. Die ermittelten Gehalte zeigen, dass bei dem geringen Entzug der Obstbäume mit organischer Düngung und geringfügiger Ergänzung von Gesteinsmehlen durchaus befriedigende pflanzenverfügbare Nährstoffgehalte im Boden erreicht werden können.

Der gute bodenbiologische Zustand des Bodens dokumentiert sich auch in einer hohen Umsetzungsrate zugesetzter Zellulose (Tab. 1).

Tabelle 1
Zellulose-Abbau (%) in konventionell und biologisch bewirtschaftetem Boden

Bewirtschaftung	Abgebaute Zellulose
konventionell	54,9
biologisch („Paradies“)	69,4

In diesem Ergebnis, das einen Mittelwert aus vieljährigen Versuchen darstellt, drückt sich das im Vergleich zum konventionell bewirtschafteten Boden größere Vermögen zur Umsetzung organischer Substanz aus.

Auch die Dehydrogenaseaktivität, die die Lebenstätigkeit der durch ihre Enzyme reduzierenden Mikroorganismen zum Ausdruck bringt, ist höher als im Vergleichsboden (Tab. 2).

Tabelle 2
Dehydrogenaseaktivität (TPF/10 Gramm Boden/24 Stunden) in konventionell und biologisch bewirtschaftetem Boden

Bewirtschaftung	Dehydrogenaseaktivität
konventionell	439
biologisch („Paradies“)	708

Die höhere bodenbiologische Aktivität im biologisch bewirtschafteten Boden kann mehrere Ursachen haben. Die wichtigsten dürften wohl die bessere Versorgung der Böden mit den verschiedensten organischen Substanzen sein und der Verzicht auf die Anwendung von Pflanzenschutzmitteln. Organische Dünger, das haben viele Untersuchungen ergeben, fördern sowohl die Zahl als auch die Aktivität der Bodenorganismen, verschiedene Pflanzenschutzmittel können sie hemmen.

Will man die durchgeführten standortkundlichen Untersuchungen in einem Satz zusammenfassen, so kann man folgendermaßen formulieren: die Natur hat den Standort „Paradies“ zwar mit einem guten Klima aber nur mit einem schlechten bis mittleren Boden ausgestattet; der tätige Mensch hat ihn aber durch überlegte, rücksichtsvolle, den Standort als Organismus verstehende und gepflegte Einheit ganz wesentlich verbessert.

Benutzte und weiterführende Literatur

Abtei Fulda: Pflanzensaft gibt Pflanzen Kraft. Selbstverlag der Benediktinerinnenabtei zur Hl. Maria, Fulda

Abtei Fulda: Comfrey – was ist das? Selbstverlag der Benediktinerinnenabtei zur Hl. Maria, Fulda

Francé, R. H.: Das Leben im Boden/Das Edaphon. OLV Verlag, Kevelaer 2012

Franck, G.: Gesunder Garten durch Mischkulturen. Südwest-Verlag, München 1980

Freitag-Lau, G. und *Lau, K.W.:* Aussaattage nach kosmischen Rhythmen – Tägliche Arbeitsempfehlungen für Gemüse, Obst, Kräuter und Blumen nach dem siderischen Mond und den anderen Planeten. Erscheint jährlich neu. OLV Verlag, Kevelaer

Haase, P.: ABC giftfreien Gemüseanbaus. OLV Verlag, Kevelaer 2011

Helbig, M.: Über die Düngung im forstwirtschaftlichen Betriebe. Neumann-Neudamm, Melsungen 1906

Hennig, E.: Geheimnisse der fruchtbaren Böden – Die Humuswirtschaft als Bewahrerin unserer natürlichen Lebensgrundlage. OLV Verlag, Xanten und Kevelaer 2002

Hitschfeld, O.: Die private biologische Lehr- und Versuchsanstalt von Dipl.-Landwirt Heinz Erven. Heinrich Schwab Verlag, Argenbühl 1979

Hitschfeld, O.: Der Kleinsthof und andere gärtnerisch-landwirtschaftliche Nebenerwerbsstellen. OLV Verlag, Xanten und Kevelaer 2010

Howard, A. Sir: Mein landwirtschaftliches Testament – Kompostbereitung und Humusaufbau in den Tropen. OLV Verlag, Xanten und Kevelaer 2005

Kaschel, N.: Äpfel aus dem Biogarten – Obstbaumpflege mit der Natur. OLV Verlag, Kevelaer 2010

King, F.H.: 4000 Jahre Landbau in China, Korea und Japan – Reisebericht eines amerikanischen Agrarwissenschaftlers zu Bauern und Gärtnern in Fernost (1909). OLV Verlag, Xanten und Kevelaer 2005

Kleber, E. und *G.:* Gärtnern im Biotop mit Mensch. Das praktische Biogarten- und Permakultur-Handbuch für zukunftsfähiges Leben. OLV Verlag, Kevelaer 2010

Kretschmann, K. und *Behm, R.:* Mulch total – Der Garten der Zukunft. OLV Verlag, Kevelaer 2007
Kuhn, K.: Obstgartenhandbuch für Selbstversorger. OLV Verlag, Kevelaer 2014
Langerhorst, M.: Meine Mischkulturenpraxis nach der dem Vorbild Natur. Kevelaer 2014
Müller, M.: Praktische Anleitung zum organisch-biologischen Gartenbau. Verlag Möschberg-Großhöchstetten, Schweizerische Bauern-Heimatschule, 10. Auflage 1978
Pommeresche, H.: Humussphäre – Humus: Ein Stoff oder ein System? OLV Verlag, Kevelaer 2004
Plinius d. Ält.: Naturalis historia (Naturgeschichte). Um 79 n. Chr.
Reiter, M.: Ein ländlicher Garten zwischen Tradition und Moderne. OLV Verlag, Xanten und Kevelaer 2006
Sekera, M.: Gesunder und kranker Boden – Ein praktischer Wegweiser zur Gesunderhaltung des Ackers. OLV Verlag, Kevelaer 2012
Coats, C.: Naturenergien verstehen und nutzen: Viktor Schaubergers geniale Entdeckungen. Omega Verlag, Aachen 1999
Schilling, v., H. Freiherr: Allerlei nützliche Garteninsekten. Neu durchgesehener und vermehrter Sonderdruck aus dem „Praktischen Ratgeber im Obst- und Gartenbau" der Aufl. von 1917, Trowitsch & Sohn, Frankfurt/Oder
Schimmel, H.: Kompostrevolution – Natürlich gärtnern mit Wurmhumus. OLV Verlag, Kevelaer 2014
Whitefield, P.: Permakultur kurz & bündig – Schritte in eine ökologische Zukunft. OLV Verlag, Xanten 2007
Whitefield, P.: Das große Handbuch Waldgarten – Biologischer Obst-, Gemüse. Und Kräuteranbau auf mehreren Ebenen. OLV Verlag, Kevelaer 2011
Wolf, U. und *E. :* Der Igel, unser nützlicher Gartenfreund. Hochrhein-Verlag, Bad Säckingen 1981

Sach- und Namensregister

Kursive Ziffern verweisen auf Abbildungen, die übrigen auf Behandlung im Text